모르는 말 찾기 | (상황별 여행 Wordbook) 수록

여행 중국어

편집부 편저

이 책의 특징

　중국이라는 나라는 국토도 넓고 볼거리도 풍부합니다. 대자연의 웅장함에서 역사적인 명소, 다양한 소수민족들의 흥미로운 생활 모습에 이르기까지 재미난 볼거리가 무궁무진합니다. 또한 최근에는 중국의 경제발전에 따라 비즈니스나 유학 등의 목적으로 중국을 찾는 분들이 더욱 많아지고 있습니다.

　이 책은 여행, 비즈니스, 유학 등의 목적으로 중국을 방문하는 분들이 중국 여행 중 실제 겪게 될 장면을 예상해서 현지인과의 의사소통을 돕기 위해 구성한 것입니다.

각 장을 여행 순서에 따라 구성했습니다.
　중국으로의 여행 출발에서 귀국할 때까지를 여행 순서에 따라 장으로 구성하고, 각 장은 다양한 세부 상황으로 나누어 각 상황에서 요긴하게 쓸 수 있는 간단한 회화 표현 10개를 수록했습니다.

짧은 문장을 이용해서 쉽게 말할 수 있도록 했습니다.
　쉽게 말할 수 있는 간단하고 짧은 문장을 기본으로 구성해서 중국 여행시에 자신의 의사를 효과적으로 전달할 수 있도록 했습니다.

원어민의 발음과 가깝게 우리말 발음을 달았습니다.
　중국어 발음에 익숙하지 않은 분들을 위해 원어민의 발음에 가장 가깝게 우리말 발음을 달았습니다.

Wordbook으로 모르는 말을 찾아 볼 수 있습니다
　한 마디 단어로도 최소한의 의사를 전달할 수 있습니다. 책의 뒤에 각 상황에서 모르는 말을 찾아 볼 수 있도록 Wordbook을 수록했습니다.

차 례

중국어 기초

1. 인칭대명사 ·· 12
2. 지시대명사 ·· 13
3. 의문사 ·· 13
4. 중국어 기본 문형 ······································ 14
5. 의문문 만들기 ··· 15
6. 부정문 만들기 ··· 16

Chapter 1
기본표현

1. 만났을 때의 인사 ····································· 20
2. 헤어질 때의 인사 ····································· 22
3. 소개할 때 ··· 24
4. 감사·사과 할 때와 대답 ··························· 26
5. 축하할 때·기원할 때 ································ 28
6. 부탁할 때 ··· 30
7. 요구·희망을 말할 때 ································ 32
8. 날짜·시간을 말할 때 (1) ·························· 34

9. 날짜·시간을 말할 때 (2)	36
10. 날씨를 말할 때	38
11. 감정을 표현할 때	40
12. 물을 때	42
13. 간단한 질문과 대답 (1)	44
14. 간단한 질문과 대답 (2)	46

Chapter 2
출발·도착

1. 탑승할 때	50
2. 승선할 때	52
3. 기내 서비스	54
4. 기내에서의 문제	56
5. 입국심사	58
6. 수화물 찾기	60
7. 세관검사	62
8. 환승할 때	64
9. 환전할 때	66
10. 관광안내소에서	68
11. 공항에서 호텔로	70

차 례

Chapter 3
숙 박

1. 호텔을 찾을 때 ······················· 74
2. 예약할 때 ······························· 76
3. 초대소에 묵을 때 ···················· 78
4. 체크인 할 때 ··························· 80
5. 프론트에서 (1) ························ 82
6. 프론트에서 (2) ························ 84
7. 룸서비스를 이용할 때 ············· 86
8. 이발소·미용실에서 ·················· 88
9. 호텔에서의 문제 ····················· 90
10. 체크아웃 할 때 ······················ 92

Chapter 4
식 사

1. 식사초대 할 때 ······················· 96
2. 식당을 찾을 때 ······················· 98
3. 예약할 때 ······························ 100
4. 식당 입구에서 ······················· 102

5. 메뉴를 고를 때 ············· 104
6. 주문할 때 ················· 106
7. 식탁에서 ·················· 108
8. 술·차를 주문할 때 ········· 110
9. 패스트푸드·포장마차에서 ···· 112
10. 식당에서의 문제 ············ 114
11. 계산할 때 ················· 116

Chapter 5
전화·우편

1. 시내전화 걸 때 ············· 120
2. 국제전화 걸 때 ············· 122
3. 전화 받을 때 ··············· 124
4. 잘못 걸린 전화·부재중일 때 ·· 126
5. 우체국에서 ················· 128

차 례

Chapter 6
교통

1. 길·교통수단을 물을 때 ········ 132
2. 항공권 구입·체크인 할 때 ········ 134
3. 표 살 때 ········ 136
4. 열차를 이용할 때 (1) ········ 138
5. 열차를 이용할 때 (2) ········ 140
6. 시내버스를 이용할 때 ········ 142
7. 지하철을 이용할 때 ········ 144
8. 장거리버스를 이용할 때 ········ 146
9. 택시를 이용할 때 ········ 148
10. 렌터카 ········ 150
11. 자전거를 빌릴 때 ········ 152

Chapter 7
관광

1. 관광안내소에서 ········ 156
2. 길을 물을 때 ········ 158
3. 관광버스를 이용할 때 ········ 160

차 례

4. 사진 찍을 때 ········· 162
5. 박물관·미술관에서 ········· 164
6. 연극·영화 볼 때 ········· 166
7. 경기관람·스포츠 ········· 168
8. 여흥을 즐길 때 ········· 170

Chapter 8
쇼 핑

1. 매장·상점을 찾을 때 ········· 174
2. 흥정할 때 ········· 176
3. 옷 살 때 ········· 178
4. 보석·악세사리 살 때 ········· 180
5. 신발·가방·모자 살 때 ········· 182
6. 미술품·공예품·문방구 살 때 ········· 184
7. 차·한약·화장품 살 때 ········· 186
8. 계산·교환할 때 ········· 188
9. 포장·배송을 부탁할 때 ········· 190

차 례

Chapter 9
문제해결

1. 분실·도난 ·································· 194
2. 몸이 아플 때 ···························· 196
3. 병원에서 ·································· 198
4. 약국에서 ·································· 200

Chapter 10
귀 국

1. 비행편 예약·예약을 변경할 때 ············ 204
2. 탑승 수속할 때 ································ 206

차 례

Wordbook
모르는 말 찾기

Wordbook 1.	출발·도착	210
Wordbook 2.	숙 박	234
Wordbook 3.	식 사	250
Wordbook 4.	전화·우편	272
Wordbook 5.	교 통	280
Wordbook 6.	관 광	296
Wordbook 7.	쇼 핑	310
Wordbook 8.	문제해결	330

중국어 기초

중국어의 어순은 '주어+동사'가 기본이다. 문형은 한국어보다는 영어에 가깝지만, 동사의 활용이나 단어의 어미변화가 전혀 없어서 그다지 어렵지 않다. 중요한 것은 2인칭 경어의 용법 등, 상대방에 대해 실례가 되지 않도록 말하는 법을 잘 알아 두어야 한다는 것이다.

인칭대명사

중국어 인칭대명사에는 주격 또는 소유격 등의 변화가 없다. 복수형은 단수형에 '们'을 붙이면 된다. 그러나 2인칭 '你'의 경어인 '您'이 있으므로 친근한 사이가 아니라면 상대방에 대한 정중어인 '您'을 사용하는 것이 좋다.

3인칭을 가리키는 '她'는 그녀, '它'는 사물이나 동물을 가리킬 때 쓰이는데 발음은 '그'를 가리키는 '他'와 같다.

	단수형	복수형
1인칭	我워	我们워먼 / 咱们잔먼
2인칭	你니 / 您닌	你们니먼
3인칭	他타 / 她타 / 它타	他们타먼 / 她们타먼 / 它们타먼

지시대명사

지시대명사는 가까운 사물 또는 사람을 가리키는 '这'와 멀리 있는 것을 가리키는 '那'로 나눌 수 있다.

이 / 저	这쩌 / 那나
여기 / 거기	这儿쩔 / 那儿날
이 때 / 그 때	这会儿쩌후월 / 那会儿나후월

의문사

누가	谁쉐이
언제	什么时候선머 스호우
어디	哪里나리 / 哪儿날
어떻게	怎么쩐머
왜	为什么웨이 선머
무엇	什么선머
몇 개	几个지 거
얼마나(어느 정도: 양)	多少뚜어사오
얼마나(시간)	多长时间뚜어창 스지엔
얼마나(돈)	多少钱뚜어사오 치엔
누구의 것	谁的东西쉐이 더 똥시
어느 쪽	哪边나비엔

13

중국어 기본 문형

중국어 문형은 간결하다. 긍정문은 '주어+술어' 순으로 나열하고 술어로는 동사, 형용사와 영어의 be동사와 가까운 '是'와 명사의 조합 등이 쓰인다. 과거·현재·미래 등 시제의 변화는 조사 또는 부사로 나타낸다.

❶ 주어+동사

我去。워 취   나는 간다.

동사 '去취' 뒤에 조사 '了러'를 넣으면 '갔다'라는 과거형이 된다.

❷ 주어+동사+목적어

我喝红茶。워 허 홍츠아   나는 홍차를 마신다.

'마시고 싶다'라는 바람은 동사 '喝허' 앞에 '想시앙'을 넣으면 된다.

❸ 주어+是+명사

那是本子。나 스 번쯔   그것은 노트이다.

영어의 be동사와는 달리 뒤에 형용사가 올 경우, 동사 '是스'는 쓰이지 않는다.

❹ 주어+형용사

他很努力。타 헌 누리   그는 매우 노력한다.

부사 '很헌'은 '매우'라는 부사로 형용사 앞에 오는 경우가 많다.

❺ 주어+동사+보어

我住在北京。워 쭈 짜이 베이징   나는 베이징에 살고 있다.

전치사구 보어 '在짜이'는 '~에'라는 장소를 나타내며 동사 뒤에 보어로 쓰인다.

의문문 만들기

중국어 의문문은 문장 끝에 '吗마'를 붙이는 형, 긍정과 부정의 술어를 나열하는 형, 의문사를 사용하는 형의 3가지로 크게 나눌 수 있다. 영어와는 달리 주어와 술어를 바꿀 필요는 없다. 여행지의 회화에서는 '吗'를 사용하는 형과 의문사를 활용하는 형이 활용도가 높다. 가장 간단한 '吗'를 사용한 의문형은 우리말에서 '~이다'를 '~입니까?'로 바꾸는 것이라고 생각하면 된다.

❶ 말 끝에 吗를 붙인다.

他是中国人吗? 타 스 쫑구어런 마　　그는 중국인입니까?
韩国大吗? 한구어 따 마　　　　　　한국은 큽니까?

❷ 의문사를 사용한다.

那是什么? 나 스 션머　　　　　　저것은 무엇입니까?
他住在哪儿? 타 쭈 짜이날　　　　그는 어디에 살고 있습니까?

❸ 긍정과 부정 술어를 나열한다.

那是不是猫? 나 스 부스 마오　　저것은 고양이입니까, 아닙니까?
他去不去? 타 취 부취　　　　　　그는 갑니까, 가지 않습니까?

❹ 의문사 什么를 사용한다.

의문사 '什么션머'는 명사 앞에 놓여 '무슨~, 어떤 ~'이라는 의미를 나타낼 수 있다.

什么水果? 션머 수이 구어　　어떤 과일입니까?
什么书? 션머 수　　　　　　　무슨 책입니까?

부정문 만들기

거절할 때에는 단호하게 '不行뿌싱' 이라고 말할 것. 중국어 부정문은 술어 앞에 '不뿌' 또는 '没有메이여우' 를 놓는 것이 기본이다. '不' 는 의지에 따르는 부정을 나타내어 현재 또는 미래의 동작이나 상태의 부정을 나타내고, '没有' 는 과거부터 현재에 이르는 동작의 부정 또는 소유나 존재의 부정을 나타낸다.

    他不是中国人。타 부스 쭝구어런   그는 중국인은 아니다.
    我没有本子。워 메이여우 번쯔   나는 노트를 갖고 있지 않다.

중국의 성, 자치구 및 직할시

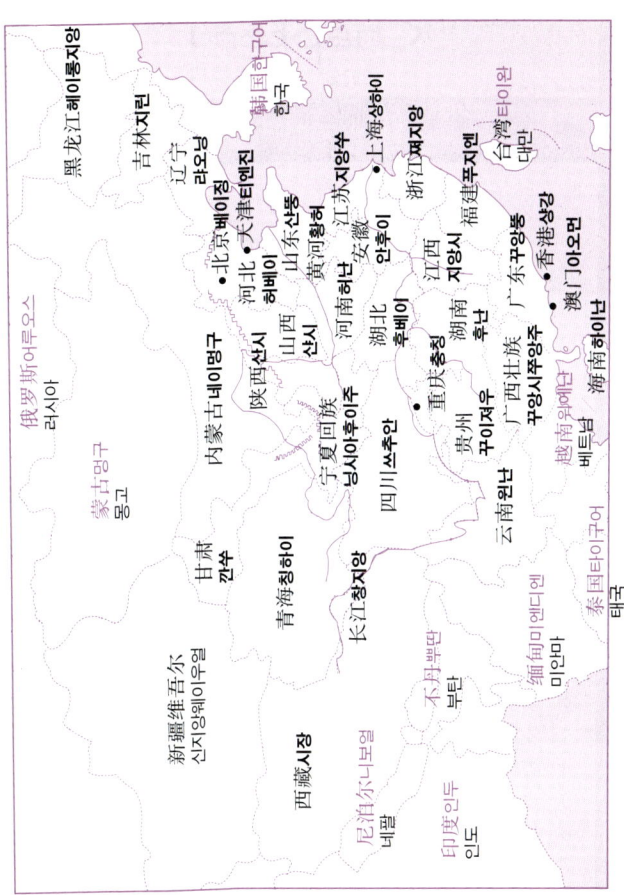

17

Chapter 1

기본표현

1. 만났을 때의 인사
2. 헤어질 때의 인사
3. 소개할 때
4. 감사·사과 할 때와 대답
5. 축하할 때·기원할 때
6. 부탁할 때
7. 요구·희망을 말할 때
8. 날짜·시간을 말할 때 (1)
9. 날짜·시간을 말할 때 (2)
10. 날씨를 말할 때
11. 감정을 표현할 때
12. 물을 때
13. 간단한 질문과 대답 (1)
14. 간단한 질문과 대답 (2)

간단한 한마디

제 이름은 ~입니다.

我叫 [　　　　　　　　]。
워 지아오

저는 ~입니다.

대학생	大学生	따슈에성
직원, 사무원	职员	쯔위엔
공무원	公务员	꽁우위엔
개인사업가	个体户	끄어티후
가정주부	家庭妇女	지아팅푸뉘

我是 [　　　　　　　　]。
워 스

만났을 때의 인사

안녕하세요! / 안녕하세요!(아침 인사)
你好! / 你早(早上好)!
니 하오   니 자오(자오샹 하오)

안녕하세요!(저녁 인사)
晚上好!
완샹 하오

건강하세요?
你身体好吗?
니 션티 하오 마

아주 좋아요, 고마워요.
很好, 谢谢。
헌 하오   씨에시에

오랜만입니다.
好久不见了。
하오지우 뿌지엔 러

요즘 어떻습니까?
最近怎么样?
쭈이진 쩐머양

그저그래요. / 여전합니다.
还可以。/ 还是老样子。
하이 커이   하이스 라오양즈

바쁘세요?
工作忙吗?
꽁쭤 망 마

바쁩니다. / 바쁘지 않습니다.
很忙。/ 不忙。
헌 망   뿌 망

잘 주무셨어요?
睡得好吗?
수이 더 하오 마

헤어질 때의 인사

안녕히 계세요!
再见!
짜이지엔

내일 봅시다!
明天见!
밍티엔 지엔

조심해서 가세요.
慢走。
만 조우

몸 건강하세요.
多保重。
뚜어 바오쭝

또 오세요.
以后再来。
이허우 짜이 라이

안녕히 주무세요.
晚安。
완 안

그만 가봐야겠습니다.
我该走了。
워 까이 조우 러

나중에 다시 만나요.
一会儿见。
이후얼 지엔

다녀 오겠습니다.
我走了。
워 조우 러

가족분들에게 안부 전해 주세요.
请向你家人问好。
칭 시앙 니 지아런 우원 하오

소개할 때

성이 어떻게 되시죠?
您贵姓?
닌 꾸이 씽

이름은 어떻게 되세요?
你叫什么名字?
니 지아오 션머 밍즈

제 성은 ~, 이름은 ~입니다.
我姓 ~, 叫 ~。
워 씽   지아오

뵙게 되어 정말 기쁩니다.
见到您, 很高兴。
지엔 따오 닌 헌 까오씽

처음 뵙겠습니다. 잘 부탁하겠습니다.
初次见面, 请多多关照。
추츠 지엔미엔   칭 뚜어뚜어 꾸안자오

Chapter 1 기본표현

이분은 ~입니다.
这位是 ~。
쩌웨이 스

반갑습니다(환영합니다)!
欢迎您!
환잉 닌

어디에서 근무하고 있습니까?
你在哪里工作?
니 짜이 나리 꽁주어

당신은 무슨 일을 하고 있습니까?
你做什么工作?
니 쭈어 션머 꽁주어

가족은 몇 명입니까?
你家里有几口人?
니 지아리 여우 지 커우런

감사·사과할 때와 대답

감사합니다.
谢谢。
씨에시에

당신의 호의에 감사드립니다.
谢谢你的好意。
씨에시에 니더 하오이

수고하셨습니다.
辛苦了。
씬쿠 러

지난 번에 폐를 많이 끼쳤습니다.
上次太麻烦你了。
샹츠 타이 마판 니 러

천만에요!
哪里哪里!
나리 나리

죄송합니다.
对不起。
뚜이부치

정말 죄송합니다.
真对不起。
쩐 뚜이부치

미안합니다, 늦었습니다.
对不起, 我来晚了。
뚜이부치   워 라이 완 러

어제는 대단히 실례했습니다.
昨天太打搅了。
쭈어티엔 타이 다지아오 러

괜찮습니다.
没关系。
메이 꾸안시

축하할 때·기원할 때

축하해요!
恭喜, 恭喜!
꽁시   꽁시

축하합니다!
祝贺你!
쭈 허 니

생일 축하합니다.
祝你生日快乐。
쭈 니 셩르 콰이러

결혼 축하합니다!
祝你们新婚快乐!
쭈 니먼 씬훈 콰이러

입학 축하합니다.
祝贺你入学!
쭈허 니 루슈에

당신 가족의 행복을 빕니다.
祝你全家幸福。
쭈 니 췐지아 씽푸

좋은 한 해를 보내시길 빕니다(새해 복 많이 받으세요).
祝你新年快乐。
쭈 니 신니엔 콰이러

하시는 일이 잘 되기를 빕니다.
祝你工作顺利。
쭈 니 꽁주어 쑨리

행복하시기를 빕니다!
祝你幸福!
쭈 니 씽푸

건강을 기원합니다.
祝你身体健康。
쭈 니 션티 지엔캉

부탁할 때

실례지만 좀 도와 주시겠어요?
劳驾，请您帮个忙行吗？
라오 지아 칭 닌 빵거 망 싱 마

이 글자를 어떻게 읽는지 가르쳐 주시겠어요?
请教一下，这个字怎么念？
칭지아오 이시아 쩌거 쯔 전머 니엔

이 위에 써 주세요.
请写在这上边儿。
칭 시에 짜이 쩌 상비얼

앉으세요.
请坐，请坐。
칭 쭈오 칭 쭈오

커피 한 잔 주세요.
请给我一杯咖啡。
칭 게이 워 이뻬이 카페이

사용법을 가르쳐 주시겠습니까?
能教我怎么用吗?
넝 지아오 워 쩐머 용마

그것을 집어 주시겠습니까?
请把那个东西拿来, 好吗?
칭 바 나거 똥시 나라이   하오 마

잠깐만 기다려 주세요.
请等一下。
칭 덩 이샤

다시 말씀해 주세요.
请再说一遍。
칭 짜이 슈오 이비엔

천천히 말해 주세요.
请说慢一点儿。
칭 슈오 만 이디얼

요구·희망을 말할 때

차 드시겠습니까?
你要茶吗?
니 야오 차 마

주세요. / 필요 없습니다.
我要。/ 我不要。
워 야오   워 뿌 야오

담요를 주세요.
我要毛毯。
워 야오 마오 탄

차 한 잔 주세요.
我要一杯茶水。
워 야오 이뻬이 차수이

맥주 한 병 주세요.
来一瓶啤酒。
라이 이핑 피지우

입장권 2장 주세요.
要两张门票。
야오 량장 먼피아오

실례지만, 문을 닫아 주시겠어요?
劳驾，把门关上好吗?
라오지아 바 먼 꾸안상 하오 마

전 하루 더 묵을 겁니다.
我还要住一天。
워 하이야오 쭈 이티엔

내일 조금 일찍 올 수 있어요?
你明天能不能早点儿来?
니 밍티엔 넝 부 넝 자오 디얼 라이

입장권을 환불하고 싶습니다.
我要退票。
워 야오 투이피아오

날짜·시간을 말할 때 (1)

오늘은 몇 월 며칠입니까?
今天几月几号?
진티엔 지위에 지하오

오늘은 8월 8일입니다.
今天8月8号。
진티엔 빠위에 빠하오

오늘은 무슨 요일입니까?
今天星期几?
진티엔 싱치지

오늘은 금요일입니다.
今天星期五。
진티엔 싱치우

지금 몇 시입니까?
现在几点?
씨엔짜이 지디엔

지금 8시 30분입니다.
现在8点30分。
씨엔짜이 빠 디엔 싼스 펀

시간 있습니까? – 시간이 없습니다.
有时间吗? – 没有时间。
여우 스지엔 마   메이여우 스지엔

얼마나 걸립니까?
要多长时间?
야오 뚜어창 스지엔

얼마나 머무를 겁니까?
停留多久?
팅리우 뚜어지우

1주일입니다.
一个星期。
이거 싱치

날짜·시간을 말할 때 (2)

당신은 언제 출발합니까?
你哪天走？
니 나티엔 조우

내일 오후에 출발합니다.
明天下午出发。
밍티엔 사아우 추파

당신은 언제 베이징에 갑니까?
你什么时候去北京？
니 션머 스호우 취 베이징

이번 달 10일 경입니다.
这个月10号左右。
쩌거 위에 스 하오 주오여우

내일 호텔 로비에서 만나요.
明天在饭店大厅碰头吧。
밍티엔 짜이 판디엔 따팅 펑터우 바

몇 시가 좋겠습니까?
几点方便?
지디엔 팡비엔

몇 시에 출근합니까?
几点上班?
지디엔 샹반

몇 시까지입니까?
到几点?
따오 지 디엔

다음 주 월요일에 만납시다.
咱们下星期一见吧。
잔먼 시아 싱치이 지엔 바

아침 식사시간은 7시부터 8시까지입니다.
早饭从七点到八点。
자오판 총 치디엔 따오 빠디엔

날씨를 말할 때

오늘 날씨는 어떻습니까?
今天的天气怎么样?
진티엔 더 티엔치 쩐머양

오늘 날씨 정말 좋습니다.
今天的天气很好。
진티엔 더 티엔치 헌 하오

오늘은 정말 따뜻합니다.
今天很暖和。
진티엔 헌 누안허

일기예보 들었어요?
你听天气预报了吗?
니팅 티엔치 위바오 러 마

비가 올 것 같군요.
好象要下雨啊。
하오샹 야오 시아위 아

내일 날씨는 어떻습니까?
明天天气怎么样?
밍 티엔 티엔치 쩐머양

오늘 기온은 몇 도입니까?
今天多少度?
진 티엔 뚜어샤오 두

오늘은 황사가 심합니다.
今天的风沙很大。
진 티엔 더 펑샤 헌 따

오늘 정말 춥습니다.
今天真冷。
진 티엔 쩐 렁

너무 더워요.
太热了。
타이 러 러

감정을 표현할 때

매우 기쁩니다.
非常高兴。
페이창 까오씽

정말 잘 했어요. / 정말 훌륭했어요.
好极了。/ 精彩极了。
하오 지 러   징차이 지 러

천만에요, 과찬의 말씀입니다.
哪里, 你过奖了。
나리   니 꾸어지앙 러

멋져요! / 앵콜
真棒! / 再来一个!
쩐빵   짜이 라이 이꺼

좋지요!
好的!
하오 더

유감입니다. / 안됐군요.
遗憾。/ 好可怜。
이한   하오 커리엔

매우 기분이 나쁩니다.
非常不愉快。
페이창 뿌 위콰이

아, 괴롭다.
很为难。
헌 웨이난

놀리지 말아요!
别开玩笑!
비에 카이 완시아오

아주 지루합니다.
太无聊了。
타이 우리아오 러

물을 때

실례지만, ~(다른 사람에게 말을 걸 때)
对不起, ~
뚜이부치

이것은 무엇입니까?
这是什么?
쩌 스 션머

좀 더 큰 건 없습니까?
有没有再大一点的?
여우메이여우 짜이 따 이디엔 더

빈 방 있습니까?
有房间吗?
여우 팡지엔 마

스웨터 있습니까?
有毛衣吗?
여우 마오이 마

얼마입니까?
多少钱?
뚜어샤오 치엔

여기서 걸어서 시간이 얼마나 걸립니까?
从这里走要多长时间?
총 쩌리 조우 야오 뚜어창 스지엔

버스정류장까지 어떻게 갑니까?
去汽车站怎么走好呢?
취 치처짠 전머 조우 하오너

화장실은 어디입니까?
洗手间在哪儿?
시쇼우지엔 짜이날

여기가 어디입니까?
这儿是什么地方?
쩌얼 스 션머 띠팡

간단한 질문과 대답 (1)

있습니까? → 있습니다. → 없습니다.
有吗? → 有。 → 没有。
여우 마   여우   메이 여우

필요합니까? → 필요합니다. → 필요 없습니다.
要吗? → 要。 → 不要。
야오 마   야오   뿌 야오

아십니까? → 알고 있습니다. → 모르겠습니다.
知道吗? → 知道。 → 不知道。
쯔다오 마   쯔다오   뿌 쯔다오

찬성입니까? → 찬성입니다. → 찬성하지 않습니다.
你同意吗? → 同意。 → 不同意。
니 통이 마   통이   뿌 통이

괜찮습니까? → 괜찮습니다. → 괜찮지 않습니다.
可以吗? → 可以。 → 不可以。
커이 마   커이   뿌 커이

그렇습니까? → 그렇습니다. → 그렇지 않습니다.
是吗? → 是的。 → 不是。
스 마   스 더   뿌 스

네. → 아뇨, 아닙니다.
是。 → 不，不是。
스   뿌   뿌 스

아시겠습니까? → 알았습니다. → 모르겠습니다.
懂了吗? → 懂了。 → 不懂。
동 러 마   동 러   뿌 동

됩니까? → 됩니다. → 안됩니다.
行吗? → 行。 → 不行。
싱 마   싱   뿌 싱

좋습니까? → 좋아요. → 싫어요.
好吗? → 好。 → 不好。
하오 마   하오   뿌 하오

간단한 질문과 대답 (2)

피곤합니까?→좀 피곤합니다.→피곤하지 않습니다.
累了吗? → 有点儿累了。 → 不累。
레이러 마　　　　여우 디얼 레이러　　　뿌 레이

준비 되었습니까? → 준비 되었습니다.
准备好了吗? → 准备好了。
준뻬이 하오 러 마　　　준뻬이 하오 러

바쁘십니까? → 바쁘지 않아요. 당신은요?
忙吗? → 不忙。你呢?
망 마　　　　뿌 망　　　니 너

잘 쉬셨습니까? → 잘 잤습니다.
休息得好吗? → 睡得可香了。
시우시 더 하오 마　　　수이 더 커 시앙 러

모두 모였습니까? → 모두 모였습니다. → 아직 입니다.
人都到齐了吗?→到齐了。→还没有。
런 또우 따오 치 러 마　　따오 치 러　　하이 메이여우

맞습니까? → 맞습니다. → 그렇지 않습니다.
对不对？ → 对。 → 不对。
뚜이 부 뚜이   뚜이   부 뚜이

한국어를 할 수 있습니까? → 조금 할 수 있습니다.
你会讲韩国语吗？ → 会一点儿。
니 후이쟝 한구어위 마   후이 이디얼

아뇨, 괜찮습니다.
不用了。
뿌융 러

천만에 말씀입니다.
哪儿的话。
날 더 화

잘 모르겠습니다.
不太明白。
뿌타이 밍바이

Chapter 2

출발·도착

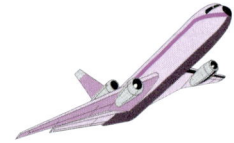

1. 탑승할 때
2. 승선할 때
3. 기내 서비스
4. 기내에서의 문제
5. 입국심사
6. 수화물 찾기
7. 세관검사
8. 환승할 때
9. 환전할 때
10. 관광안내소에서
11. 공항에서 호텔로

간단한 한마디

...는 ...의 ~입니다.

나	我	워
당신	你	니
그	他	타
그녀	她	타

是 스

나	我	워
당신	你	니
그	他	타
그녀	她	타

的 더

친구	朋友	펑여우
아들	儿子	얼즈
딸	女儿	뉘얼
동창	同学	통슈에

~은 어디 있습니까?

수화물 찾는 곳	行李领取处	씽리링취추
전화	电话	띠엔후아
안내소	问讯处	원쉰추

在哪里?
짜이 나리

탑승할 때

대한항공 카운터는 어디입니까?
大韩航空的柜台在哪儿?
따한 항콩 더 꾸이타이 짜이 날

(탑승권을 보여 주며) 제 자리는 어디입니까?
我的座位在哪儿?
워 더 쭈오웨이 짜이 날

실례지만 잠깐 지나가겠습니다.
对不起, 请让我过一下。
뚜이부치   칭 랑 워 꾸오 이샤

짐을 여기에 놓아도 되겠습니까?
我把东西放在这儿可以吗?
워 바 뚱시 팡 짜이 쩔 커이 마

죄송하지만 여긴 제 자리입니다.
对不起, 这是我的座位。
뚜이부치   쩌 스 워더 쭈오웨이

좌석을 뒤로 좀 젖혀도 되겠습니까?
把座椅放倒可以吗?
바 쭈오이 팡 다오 커이 마

좌석을 좀 세워 주세요.
请把座椅放好。
칭 바 쭈오 이 팡 하오

저와 자리를 바꿔 주시겠습니까?
能和我换个座位吗?
넝 허 워 환 거 쭈오웨이 마

화장실은 어디입니까?
洗手间在哪儿?
시쇼우지엔 짜이 날

몇 시에 베이징에 도착합니까?
几点到北京?
지 디엔 따오 베이징

승선할 때

여객선은 몇 시에 출발합니까?
客轮几点出发?
커룬 지 디엔 추파

몇 시간 항해하게 됩니까?
要航行几个小时?
야오 항씽 지거 샤오스

여객선은 하루 몇 번 다닙니까?
一天有几趟客轮?
이 티엔 여우 지 탕 커룬

상하이에는 몇 시에 도착합니까?
几点钟到上海?
지 디엔 쫑 따오 상하이

2등선실 표 한 장 주세요.
我要二等舱的票。
워 야오 얼 덩 창 더 피아오

몇 번 부두에서 승선합니까?
在几号码头上船?
짜이 지 하오 마토우 상 추안

(승선권을 보여 주며) 제 방은 어디입니까?
我的房间在哪儿?
워 더 팡지엔 짜이 날

내 침구는 어느 것입니까?
哪个是我的卧具?
나거 스 워 더 워쥐

식당(바)은 어디 있습니까?
餐厅(酒吧)在哪里?
찬팅(지우 바) 짜이 나리

배멀미가 나는 것 같습니다. 약 있습니까?
我好像有点儿晕船。有没有药?
워 하오샹 여우디얼 윈추안   여우메이여우 야오

기내 서비스

어떤 음료가 있습니까?
有些什么饮料?
여우 씨에 션머 인랴오

커피(물 탄 위스키) 한 잔 주세요.
请给我一杯咖啡(加水的威士忌)。
칭 게이 워 이뻬이 카페이(지아수이 더 웨이스지)

담요가 필요합니다.
我要毛毯。
워 야오 마오탄

닭고기(쇠고기)를 주세요.
我要鸡肉(牛肉)的。
워 야오 지로우(니우로우) 더

다 먹었습니다. 가져가세요.
我吃完了，请拿走吧。
워 츠 완 러   칭 나 조우 바

기내에서 면세품을 판매합니까?
飞机上出售免税品吗?
페이지 샹 추 쇼우 미엔수이핀 마

이것은 얼마입니까?
这个多少钱?
쩌 거 뚜어샤오 치엔

술을 두 병 사고 싶습니다.
我想买两瓶酒。
워 샹 마이 량 핑 지우

한국신문 있습니까?
有没有韩国报纸?
여우 메이여우 한구어 빠오즈

입국카드 한 장 주세요.
请给我一张入境登记卡。
칭 게이 워 이장 루징떵지카

기내에서의 문제

머리(배)가 좀 아픕니다.
我有点儿头疼(肚子疼)。
워 여우디얼 터우텅(뚜즈 텅)

미안하지만, 멀미약 있습니까?
请问，有解晕的药吗?
칭원　　　여우 지에윈 더 야오 마

미안하지만, 감기약 있습니까?
请问，有感冒药吗?
칭원　　　여우 간마오야오 마

토할 것 같아요. 멀미봉지 좀 주세요.
老想吐。请给我清洁袋。
라오 샹 투　　칭 게이 워 칭지에따이

기내에 의사가 있습니까?
机上有医生吗?
지샹 여우 이셩 마

좀 춥(덥)습니다.
我觉得有点儿冷(热)。
워 쥬에더 여우디얼 렁(러)

불이 켜지지 않아요.
灯不亮。
떵 뿌 리앙

제 이어폰이 안 들립니다.
我的耳机不响。
워 더 얼지 부 샹

시끄러워서 못 자겠습니다.
太吵了, 睡不着。
타이 차오 러 수이 부 쟈오

한국어를 할 수 있는 분이 있습니까?
有会说韩语的人吗?
여우 후이 슈오 한위 더 런 마

입국심사

제 여권 여기 있습니다.
这是我的护照。
쩌 스 워 더 후쟈오

방문 목적은 무엇입니까?
入境目的是什么?
루징무디 스 션머

관광(비즈니스)입니다.
来观光(商务)。
라이 꾸안구앙(상우)

어디에서 체제하실 겁니까?
您要住哪儿?
닌 야오 쭈 날

베이징 호텔입니다.
我住北京饭店。
워 쭈 베이징 판디엔

베이징에서는 며칠 체재하실 예정입니까?
在北京逗留几天?
짜이 베이징 또우리우 지 티엔

1주일 정도입니다.
大约一个星期。
따위에 이거 싱치

전 그저 갈아타는 겁니다.
我只是换乘而已。
워 즈스 환청 얼이

미안합니다. 당신 말을 알아 듣지 못하겠어요.
对不起。听不懂您的话。
뚜이부치　　팅부동 닌 더 후아

한자로 써 주세요.
请给我写汉字吧。
칭 게이 워 시에 한쯔 바

수화물 찾기

수화물을 어디서 찾습니까?
在哪儿取行李?
짜이 날 취 싱리

카트는 어디 있습니까?
行李小推车在哪儿?
싱리 샤오투이처 짜이 날

제 수화물이 보이지 않습니다.
我的行李找不到了。
워 더 싱리 쟈오부따오 러

이것이 제 수화물 영수증입니다.
这是我的行李牌。
쩌 스 워 더 싱리파이

제 가방은 갈색입니다.
我的手提箱是茶色的。
워 더 쇼우티시앙 스 차써 더

지금 찾아봐 주시겠습니까?
请马上帮我查找一下好吗?
칭 마 샹 방 워 차자오 이샤 하오 마

어떻게 되었습니까? 찾았습니까?
怎么样? 找到了吗?
쩐머양 자오 따오 러 마

짐을 찾으면 연락해 주시겠습니까?
找到行李后通知我一下好吗?
자오 따오 싱리 허우 통쯔 워 이샤 하오 마

이것이 제 베이징 연락처입니다.
这是我在北京的联系地址。
쩌 스 워 짜이 베이징 더 리엔 시 띠 쯔

짐은 베이징 호텔로 보내 주세요.
请把行李送到北京饭店。
칭 바 싱리 쏭따오 베이징 판디엔

세관검사

신고할 물건이 있습니까?
有要申报的东西吗？
여우 야오 션빠오 더 똥시 마

없습니다.
没有。
메이여우

캠코더(디지털 카메라)가 하나 있습니다.
有一架摄像机(数码相机)。
여우 이지아 셔시앙지(수마시앙지)

제 개인용품입니다.
是一些随身物品。
스 이시에 수이션 우핀

이것은 친구에게 줄 선물입니다.
这是送朋友的礼品。
쩌 스 쏭 펑여우 더 리핀

제가 먹는 약입니다.
是我吃的药。
스 워 츠 더 야오

술이나 담배를 갖고 있습니까?
您携带了酒和香烟吗?
닌 시에따이 러 지우 허 시앙옌 마

위스키를 2병 갖고 있습니다.
我有两瓶威士忌酒。
워 여우 량 핑 웨스지 지우

한국에서 만원 정도 하는 것입니다.
在韩国值一万韩元左右。
짜이 한구어 즈 이완 한위엔 주오 여우

이것은 신고할 필요가 있습니까?
这个需要申报吗?
쩌거 쉬 야오 션빠오 마

환승할 때

이 공항에서 얼마동안 머무릅니까?
在这个机场停留多长时间?
짜이 쩌거 지창 팅리유 뚜어창 스지엔

동방항공으로 갈아타려면 어디로 가야 합니까?
换乘东方航空的班机去哪个服务台?
환청 똥방항콩 더 빤지 취 나거 푸우타이

국내선 탑승하는 곳은 어디입니까?
国内线登机口在哪儿?
구어네이시엔 떵지커우 짜이 날

실례지만, 환승통로는 어디입니까?
请问, 换乘通道在哪儿?
칭원   환청 통따오 짜이 날

탑승게이트는 몇 번입니까?
是几号登机口?
스 지하오 떵지커우

탑승은 몇 시부터입니까?
几点开始登机?
지디엔 카이스 떵지

면세점은 어디 있습니까?
免税店在哪儿?
미엔수이디엔 자이 날

여기서 탑승수속을 할 수 있습니까?
在这儿可以办登机手续吗?
짜이 쩔 커이 빤 떵지쇼우쉬 마

연결편에 타지 못할 것 같습니다.
我担心坐不了下一航班。
워 딴씬 쭈오 뿌 랴오시아 이 항빤

다른 항공편을 알아봐 주세요.
请查一下其他航班。
칭 차 이샤 치타 항빤

환전할 때

말 좀 묻겠습니다, 환전소(은행)가 어디 있습니까?
请问，兑换处(银行)在哪里？
칭원　뚜이환추(인항) 짜이 나리

한화 20만원을 바꿔 주세요.
换20万韩元。
환 얼스완 한위엔

인민폐로 바꿔 주세요.
请兑换人民币。
칭 뚜이환 런민삐

오늘 한국원화와 인민폐의 환율은 얼마입니까?
今天韩元对人民币的汇率是多少？
진티엔 한위엔 뚜이 런민삐 더 후이뤼 스 뚜어샤오

이 여행자 수표를 현금으로 바꿔주세요.
请把这张旅行支票兑换成现金。
칭 바 쩌 장 뤼싱쯔피아오 뚜이 환 청 시엔진

잔돈을 좀 섞어 주세요.
请加一些零钱。
칭 지아 이시에 링치엔

10위엔짜리 지페로 주십시오.
请给我十块钱面值的。
칭 게이워 스콰이치엔 미엔즈 더

동전으로 주십시오.
请换成硬币。
칭 환청 잉삐

영수증을 주시겠어요?
能给发票吗?
넝 게이 파피아오 마

계산이 틀린 것 아닌가요?
您是不是算错了?
닌 스부스 쑤안추어 러

관광안내소에서

관광안내소는 어디 있습니까?
旅行问讯处在哪儿?
뤼싱 원쉰추 짜이 날

여기서 호텔을 예약할 수 있습니까?
在这儿可以预定饭店吗?
짜이 쩔 커이 위띵 판디엔 마

호텔리스트(시내지도) 있습니까?
有饭店的一览表(市区地图)吗?
여우 판디엔 더 이란비아오(스취 띠투) 마

그다지 비싸지 않은 호텔을 소개해 주시겠어요?
能给介绍不太贵的饭店吗?
넝 게이 지에샤오 뿌 타이 꾸이 더 판디엔 마

여기서 그 호텔까지 어떻게 갑니까?
从这里到那个饭店怎样走?
총 쩌리 따오 나거 판디엔 쩐양 조우

리무진(버스/택시) 정류장은 어디 있습니까?
民航班车(公共汽车/出租汽车)在哪儿?
민항빤처(꽁꽁치처/추주치처) 짠 짜이 날

공항버스 타는 곳은 어디 입니까?
在哪儿乘坐机场巴士?
짜이 날 청쭈오 지창빠시

시내는 어떻게 갑니까?
去市内怎么走?
취 스네이 쩐머 조우

공항에 우체국이 있습니까?
机场里有邮局吗?
지창 리 여우 여우쥐 마

시내(국제)전화는 어디서 걸 수 있습니까?
市内(国际)电话在哪儿打?
스네이(구어지) 띠엔후아 짜이 날 다

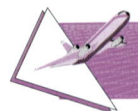

공항에서 호텔로

지엔구어 호텔로 가주세요.
请到建国饭店。
칭 따오 지엔구어 판디엔

구어지 호텔까지 얼마입니까?
到国际饭店多少钱?
따오 구어지 판디엔 뚜어샤오 치엔

시 중심까지 얼마나 걸립니까?
去市中心要多长时间?
취 스쫑신 야오 뚜어창 스지엔

짐은 트렁크에 실어 주세요.
请把行李放到车后备箱里去。
칭 바 싱리 팡다오 처호우베이샹 리 취

(주소를 보여주며) 여기로 가 주세요.
请去这里。
칭 취 쩌리

이 공항버스는 베이징 호텔에 섭니까?
这大客车在北京饭店停吗?
쩌 따커처 짜이 베이징 판디엔 팅 마

차표는 어디서 삽니까?
车票在哪儿买?
처 피아오 짜이 날 마이

몇 시에 출발합니까?
几点出发?
지 디엔 츄파

시간은 대략 얼마나 걸립니까?
大概要多长时间?
따까이 야오 뚜어창 스지엔

도착하면 알려 주세요.
到了地方请叫我一声。
따오러 띠팡 칭 지아오 워 이성

Chapter 3

숙박

1. 호텔을 찾을 때
2. 예약할 때
3. 초대소에 묵을 때
4. 체크인 할 때
5. 프론트에서 (1)
6. 프론트에서 (2)
7. 룸서비스를 이용할 때
8. 이발소·미용실에서
9. 호텔에서의 문제
10. 체크아웃 할 때

간단한 한마디

~ 있습니까?

有没有 여우메이여우

트윈룸	双人房间 쑤앙런팡지엔
에어컨	空调 콩티아오
욕실	洗澡间 시자오지엔

?

~ 박 묵겠습니다.

住 쭈

하루	一 이
이틀	两 량
사흘	三 싼

天。 티엔

호텔을 찾을 때

실례지만 호텔 안내소는 어디 있습니까?
请问，饭店介绍处在哪儿?
칭원　　판디엔 지에샤오추 짜이 날

여기서 호텔을 예약할 수 있습니까?
这儿能预约饭店吗?
쩔 넝 위위에 판디엔 마

좋은 호텔을 소개해 주세요.
请给我介绍一个好饭店吧。
칭 게이 워 지에샤오 이거 하오 판디엔 바

시내에 있는 호텔을 소개해 주세요.
请给我介绍一下市内的饭店。
칭 게이 워 지에샤오 이시아 스네이 판디엔

교통이 편리한 곳이 좋습니다.
最好是交通方便的地方。
쭈이하오 스 지아오통 팡비엔 더 띠팡

방값은 얼마입니까?
房费多少钱？
팡페이 뚜어샤오 치엔

더 싼 호텔은 없습니까?
有没有更便宜的饭店？
여우 메이여우 껑 피엔이 더 판디엔

오늘 묵을 방을 예약하고 싶습니다.
我想订今天晚上的房间。
워 샹 띵 진티엔 완샹 더 팡지엔

택시로 요금이 얼마나 나옵니까?
坐出租汽车要多少钱？
쭈오 추주치처 야오 뚜어샤오 치엔

그 호텔은 어떻게 갑니까?
从这里到那个饭店怎么走？
총 쩌리 따오 나거 판디엔 쩐머 조우

예약할 때

실례지만 오늘밤에 빈 방 있습니까?
请问，有空房间吗？
칭원   여우 콩 팡지엔 마

트윈룸(싱글룸)은 하루에 얼마입니까?
双人房(单人房)一天多少钱？
쑤앙런팡(딴런 팡) 이티엔 뚜어샤오 치엔

욕실이 딸린 싱글룸으로 부탁합니다.
我要带卫生间的单人房。
워 야오 따이 웨이셩지엔 더 딴런 팡

하룻밤(1주일) 묵겠습니다.
我住一个晚上(星期)。
워 쭈 이거 완상(싱치)

아침식사 포함입니까?
包括早餐吗？
빠오쿠어 자오찬 마

샤워시설이 있습니까?
带淋浴吗?
따이 린위 마

방을 볼 수 있습니까?
我可以看看房间吗?
워 커이 칸칸 팡지엔 마

미리 예약금을 내야 합니까?
要预先付款吗?
야오 위시엔 푸쿠안 마

제일 싼 방은 얼마입니까?
最便宜的房间是多少钱?
쭈이 피엔이 더 팡지엔 스 뚜어샤오 치엔

이 방으로 하겠습니다.
我要订这间房间。
워 야오 띵 쩌지엔 팡지엔

초대소에 묵을 때

방 하나에 침대는 몇 개입니까?
一个房间里有几个床位?
이 거 팡지엔 리 여우 지거 추앙웨이

여러사람 묵을 수 있는 방 있습니까?
有多人房吗?
여우 뚜어런팡 마

침대 하나에 얼마입니까?
一张床位多少钱?
이장 추앙웨이 뚜어샤오치엔

유학생 할인은 있습니까?
有留学生优待吗?
여우 리우수에성 여우따이 마

외국인도 받습니까?
接待外国人吗?
찌에따이 와이구어런 마

남녀가 함께 방을 씁니까?
男女都在一个房间吗？
난뉘 또우 짜이 이거 팡지엔 마

욕실은 있습니까?
带卫生间吗？
따이 웨이성지엔 마

몇 시부터 더운 물을 쓸 수 있습니까?
从几点可以使用热水？
총 지디엔 커이 스용 러수에이

난방은 몇 시까지입니까?
暖气几点关？
누안치 지디엔 꾸안

전화(인터넷)를 쓸 수 있습니까?
可以使用电话(因特网)吗？
커이 스용 띠엔후아(인터왕) 마

체크인 할 때

방을 예약했는데요.
我预定了一个房间。
워 위딩 러 이거 팡지엔

체크인을 부탁합니다.
请给我办理住宿登记。
칭 게이 워 빤리 쭈수 떵지

예약확인서 여기 있습니다.
这是订房确认单。
쩌 스 띵팡 취에런딴

신용카드로 지불하겠습니다.
我要用信用卡付款。
워 야오 용 씬용카 푸 쿠안

실례지만 여기는 어떻게 기입합니까?
请问，这儿怎么填？
칭원　　쩌얼 쩐머 티엔

방을 바꾸고 싶은데요.
我想换一个房间。
워 샹 후안 이거 팡지엔

더 좋은 방은 없습니까?
有没有比这更好的房间呢?
여우 메이여우 비 쩌 껑 하오 더 팡지엔 너

좀 조용한 방을 주세요.
要一个比较安静的房间。
야오 이거 비지아오 안징 더 팡지엔

이 귀중품 좀 보관해 주세요.
请把这件贵重物品保管一下。
칭 바 쩌 지엔 꾸이쭝 우핀 바오관 이시아

체크아웃은 몇 시입니까?
几点退房?
지디엔 투이 팡

프론트에서 (1)

짐을 제 방으로 옮겨 주세요.
请把我的行李送到房间。
칭 바 워 더 싱리 송따오 팡지엔

1234호실 열쇠 주세요.
请给我1234号房间的钥匙。
칭 게이 워 야오얼싼쓰 하오 팡지엔 더 야오스

방 열쇠를 가지고 나가도 됩니까?
自己拿着钥匙行吗?
쯔지 나쟈오 야오스 싱 마

아침식사는 몇 시부터 몇 시까지 입니까?
早餐时间从几点到几点?
자오찬 스지엔 총 지디엔 따오 지디엔

이 근처에 한국식당이 있습니까?
附近有韩国餐厅吗?
푸진 여우 한구어 찬팅 마

식당(미용실/이발소)은 어디 있습니까?
餐厅(美容厅/理发店)在哪儿?
찬팅(메이롱팅/리파디엔) 짜이 날

영업시간은 몇 시부터 몇 시까지입니까?
营业时间是从几点到几点?
잉예 스지엔 스 총 지디엔 따오 지디엔

제게 온 전언 없습니까?
有没有我的留言?
여우 메이여우 워 더 리우옌

팩시밀리(복사기) 있습니까?
有传真机(复印机)吗?
여우 추안쩐지(푸인지) 마

제 방에서 인터넷을 쓸 수 있습니까?
在房间里可以上网吗?
짜이 팡지엔 리 커이 샹왕 마

프론트에서 (2)

하루 더 묵고 싶습니다.
我想再住一天。
워 샹 짜이 쭈 이티엔

택시 좀 불러 주세요.
请叫一辆出租汽车。
칭 지아오 이량 추주 치처

한국행 비행기표를 한 장 예약해 주세요.
请给我订一张去韩国的机票。
칭 게이 워 띵 이장 취 한구어 더 지피아오

괜찮은 레스토랑을 한 곳 소개해 주세요.
请给我介绍一下好的西餐厅。
칭 게이 워 지에샤오 이샤 하오 더 시 찬팅

예약을 해 주시겠습니까?
帮我订一下好吗?
빵 워 띵 이시아 하오 마

실례지만, 박물관은 어떻게 가면 됩니까?
请问，到博物馆怎么走？
칭원 따오 보우구안 쩐머 조우

이 소포를 한국으로 부치고 싶습니다.
我想把这个包裹寄到韩国。
워 샹 쩌거 바오꾸오 지따오 한구어

9시에 돌아오겠습니다.
我九点钟回来。
워 지우 디엔 쭝 후이라이

자전거는 어디서 빌릴 수 있습니까?
自行车在哪儿租？
쯔싱처 짜이 날 주

한국어를 할 줄 아는 분 있습니까?
有会说韩语的人吗？
여우 후이 슈어 한위 더 런 마

룸서비스를 이용할 때

룸서비스 됩니까?
有送餐服务吗?
여우 쏭 찬 푸우 마

여기 903호실입니다. 커피 세 잔 갖다 주세요.
这是903号房间。请送三杯咖啡来。
쩌 스 지우링싼 하오 팡지엔. 칭 쏭 싼 베이 카페이 라이

내일 아침 7시에 깨워 주세요.
明天早上七点钟叫醒我。
밍티엔 자오 샹 치 디엔 쯩 지아오씽 워

방 청소를 부탁합니다.
请给我打扫房间。
칭 게이 워 다사오 팡지엔

샴페인 2병 부탁합니다.
我要两瓶香宾酒。
워 야오 량 핑 샹빈지우

이 바지를 다려(세탁해) 주세요.
请熨(洗)这条裤子。
칭 윈(시) 쩌티아오 쿠즈

이 옷들을 드라이클리닝 해 주세요.
请干洗这些衣服。
칭 깐시 쩌시에 이푸

언제 세탁이 다 됩니까?
衣服什么时候可以洗好？
이푸 션머 스호우 커이 시 하오

빨리 좀 부탁합니다.
请尽量快一点儿。
칭 진량 콰이 이 디얼

들어오세요.
请进。
칭 찐

이발소·미용실에서

호텔 내에 미용실(이발소)이 있습니까?
在饭店里有美容院(理发店)吗？
짜이 판디엔 리 여우 메이롱위엔(리파띠엔) 마

이발해 주세요.
我要理发。
워 야오 리파

좀 짧게 깎아 주세요.
请剪短一点儿。
칭 지엔 두안 이디얼

보통으로 깎아 주세요.
给我剪成一般的发型。
게이 워 지엔 청 이빤 더 파씽

면도를 부탁합니다.
请刮脸。
칭 꾸아리엔

파마해 주세요.
请给我烫发。
칭 게이 워 탕파

샴푸만 해 주세요.
我只要洗头。
워 즈 야오 시터우

샴푸하고 세트를 부탁합니다.
我要洗头和做头发。
워 야오 시터우 허 쭈오 터우파

얼굴 마사지를 받고 싶습니다.
把脸给我按摩一下吧。
바 리엔 게이 워 안모 이시아 바

매니큐어를 해 주세요.
给我修一修指甲吧。
게이 워 시우이시우 쯔지아 바

호텔에서의 문제

602호실인데 불이 켜지지 않습니다.
这里是602房间，灯不亮。
쩌리 스 리우 링 얼 팡지엔 떵 뿌 리앙

방 안에 열쇠를 놓고 나왔습니다.
钥匙忘在房间里了。
야오스 왕 짜이 팡지엔 리 러

열쇠를 잃어 버렸습니다.
我丢了钥匙了。
워 디우러 야오스 러

더운 물이 나오지 않습니다.
不出热水。
뿌 추 러수이

변기가 막혔습니다.
便器堵了。
비엔치 두 러

텔레비전(에어컨)이 고장입니다.
电视(空调)坏了。

띠엔스(콩 티아오) 화이 러

청소 좀 다시 해 주세요.
给我重新打扫一下吧。

게이 워 총신 다 사오 이샤 바

방이 너무 춥습니다.
我的房间太冷。

워 더 팡지엔 타이 렁

옆방이 너무 시끄러워요.
隔壁的房间太吵。

거삐 더 팡지엔 타이 챠오

다른 방으로 바꿔 주세요.
请给我换房间。

칭 게이 워 후안 팡지엔

체크아웃 할 때

체크아웃 해 주세요.
请结帐。
칭 지에짱

체크아웃은 몇 시입니까?
退房时间是几点?
투이팡 스지엔 스 지디엔

신용카드로 지불할 수 있습니까?
可以用信用卡支付吗?
커이 용 신용카 쯔푸 마

계산이 잘못된 것 같습니다.
好像算错了吧。
하오샹 쑤안추어 러 바

이것은 무슨 요금입니까?
这是什么费用?
쩌 스 션머 페이용

택시를 불러 주세요.
请你叫一辆出租汽车来吧。
칭 니 지아오 이량 추주치처 라이 바

이 짐들을 3시까지 맡아 주십시오.
请把这些行李寄存到三点。
칭 바 쩌시에 싱리 지춘 따오 싼디엔

하루 더 묵고 싶은데 가능합니까?
我想再住一天，可以吗？
워 샹 짜이 쭈 이티엔 커이 마

내일 아침 일찍 떠날 겁니다.
我要明天一早动身。
워 야오 밍티엔 이자오 똥션

하루 일찍 떠나고 싶습니다.
我要早一天离开。
워 야오 자오 이티엔 리카이

Chapter 4

식 사

1. 식사초대 할 때
2. 식당을 찾을 때
3. 예약할 때
4. 식당 입구에서
5. 메뉴를 고를 때
6. 주문할 때
7. 식탁에서
8. 술·차를 주문할 때
9. 패스트푸드·포장마차에서
10. 식당에서의 문제
11. 계산할 때

간단한 한마디

~을 먹고 싶습니다.

我想吃
워 샹 츠

쇠고기	牛肉	니우로우
볶음밥	炒饭	차오판
탕수육	古老肉	구라오로우

。

~이 필요합니다.

我要
워 야오

젓가락	筷子	콰이즈
접시	碟子	디에즈
간장	酱油	지앙여우

。

식사 초대할 때

식사 하셨어요?
吃饭了吗?
츠 판 러 마

아침 드셨습니까?
你吃早饭了吗?
니 츠 자오판 러 마

배고프시죠.
你饿了吧。
니 어 러 바

중국요리 좋아하세요?
你喜欢吃中国菜吗?
니 시환 츠 쭝구어차이 마

사천요리 드셔 보셨어요?
你吃过川菜吗?
니 츠 구어 추안차이 마

함께 식당에 갑시다.
一起去饭馆儿吧。
이치 취 판구알 바

오늘은 제가 사겠습니다.
今天我请客。
진티엔 워 칭 커

이 고장의 명물요리를 먹고 싶습니다.
我很想尝尝本地的风味。
워 헌 샹 창창 번띠 더 펑웨이

맛있게 드셨습니까?
吃好了吗?
츠 하오 러 마

차를 좀 드세요.
你喝杯茶吧。
니 허 뻬이 차 바

식당을 찾을 때

잘 하는 사천요리점이 있습니까?
有好吃的四川菜馆吗?
여우 하오 츠 더 쓰추안 차이구안 마

잘 하는 식당을 하나 소개해 주세요.
给我介绍一家好餐厅。
게이 워 지에샤오 이지아 하오 찬팅

베이징 요리를 먹고 싶습니다.
我想吃北京菜。
워 샹 츠 베이징 차이

베이징 요리점은 어디에 있습니까?
北京菜馆在哪里呢?
베이징 차이구안 짜이 나리 너

가볍게 식사할 수 있는 곳이 있습니까?
有小餐厅吗?
여우 시아오 찬팅 마

이곳에 한국식당이 있습니까?
这里有韩国餐厅吗?
쩌리 여우 한구어 찬팅 마

싸고 맛있는 식당이 있습니까?
有既便宜又好吃的餐厅吗?
여우 지 피엔이 여우 하오츠 더 찬팅 마

실례지만, 먹자골목(식당가)은 어디입니까?
请问, 美食街在哪儿?
칭원　　 메이스지에 짜이 날

(지도를 보이며) 이 식당은 어디에 있습니까?
这个餐厅在哪儿?
쩌거 찬팅 짜이 날

조용한 분위기의 식당이 좋겠습니다.
我喜欢比较安静的餐厅。
워 시환 비지아오 안징 더 찬팅

예약할 때

예약하고 싶은데요.
我想预约。
워 샹 위위에

오늘 저녁 6시에 3명 예약해 주세요.
今晚六点订三个位子。
진완 리우디엔 띵 싼거 웨이즈

내일 저녁 7시에 네 사람입니다.
明晚七点，我们是四个人。
밍완 치디엔   워먼 스 쓰거 런

창가쪽 자리로 하겠습니다.
我要靠窗户的座位。
워 야오 카오 추앙후 더 쭈오웨이

룸으로 예약하겠습니다.
我要预定包房。
워 야오 위딩 빠오팡

Chapter 4 식사

몇 시부터 식사를 할 수 있습니까?
从几点钟开饭?
총 지디엔 쭝 카이판

모두 5명입니다.
一共五个人。
이꽁 우거런

1인당 2백위엔 코스로 부탁합니다.
要订每人两百块标准的。
야오 띵 메이런 량바이콰이 비아오준 더

별실 있습니까?
有雅座吗?
여우 야쭈오 마

거기 어떻게 갑니까?
那个地方怎么走?
나거 띠팡 쩐머 조우

101

식당 입구에서

저는 ~인데요, 예약했습니다.
我是~, 已经订好了。
워 스   이징 띵 하오 러

세 사람 자리 있습니까?
有没有三个人的位子?
여우 메이여우 싼거런 더 웨이즈

구석 자리로 부탁합니다.
我要靠墙角的桌子。
워 야오 카오 치앙지아오 더 쭈어즈

예약은 하지 않았는데 빈 자리 있습니까?
我没有预订, 有空桌吗?
워 메이여우 위띵   여우 콩쭈어 마

얼마나 기다려야 합니까?
要等多久?
야오 덩 뚜어지우

이 자리는 마음에 들지 않습니다.
我不喜欢这个位子。

워 뿌 시환 쩌거 웨이즈

자리를 바꾸고 싶습니다.
我要换位子。

워 야오 후안 웨이즈

조용한 자리에 앉고 싶습니다.
我想坐在安静的地方。

워 샹 쭈오 짜이 안징 더 띠팡

저 자리로 바꾸고 싶습니다.
我要换到那个位子。

워 야오 후안 따오 나거 웨이즈

룸은 있습니까?
有没有单间?

여우 메이여우 딴지엔

메뉴를 고를 때

메뉴 좀 보여 주세요.
给我拿菜单来看一看。
게이 워 나 차이딴 라이 칸이칸

한국어로 된 메뉴 없습니까?
有没有韩文的菜单?
여우 메이여우 한원 더 차이딴

이 지방 특별요리는 있습니까?
有这地方的特色料理吗?
여우 쩌 띠팡 더 터서 랴오리 마

오늘의 추천요리는 뭡니까?
你看今天有什么好菜?
니 칸 진티엔 여우 선머 하오차이

어떤 요리가 좋겠습니까?
您看, 哪种菜比较好?
닌칸   나종 차이 비지아오 하오

이 요리에 대해 설명 좀 해 주세요.
对于这个菜请给我介绍一下。
뚜이 위 쩌거 차이 칭게이워 지에샤오 이샤

무엇이 제일 빨리 됩니까?
什么最快?
선머 쭈이 콰이

담백한 요리 좀 골라 주세요.
请给我挑一些清淡的菜。
칭게이워 티아오 이시에 칭딴 더 차이

좀 있다 주문하겠습니다.
等一会儿再点。
덩 이 후얼 짜이디엔

주문 하겠습니다.
我要点菜。
워 야오 디엔차이

주문할 때

정식을 주세요.
给我来套餐吧。
게이 워 라이 타오찬 바

양식을 먹고 싶습니다.
我想吃西餐。
워 샹 츠 시찬

이것 하고 이것 주세요.
要这个和这个。
야오 쩌거 허 쩌거

저것과 같은 요리로 주세요.
我想要和那个一样的菜。
워 샹야오 허 나거 이양 더 차이

바로 되나요?
马上就能上吗?
마샹 지우 넝 샹 마

요리 재료는 뭡니까?
这道菜的原料是什么?
쩌 따오차이 더 위엔랴오 스 션머

이것은 무슨 요리입니까?
这菜叫什么?
쩌 차이 지아오 션머

비프 스테이크에 야채를 많이 넣어 주세요.
铁板牛肉要多配点儿青菜。
티에반니우로우 야오 뚜어 페이 디얼 칭차이

김치 있습니까?
有没有泡菜?
여우 메이여우 파오차이

디저트는 무엇이 있습니까?
有什么甜食?
여우 션머 티엔스

식탁에서

이 요리는 뭐라고 합니까?
这个菜叫什么?
쩌거 차이 지아오 션머

이것은 어떻게 먹습니까?
这个怎么吃?
쩌거 쩐머 츠

소금(간장) 좀 건네 주세요.
给我递一下精盐(酱油)。
게이 워 띠 이샤 징옌(지앙여우)

밥 한 그릇 더 주세요.
再来一碗米饭。
짜이 라이 이완 미판

이 요리 맛있군요, 하나 더 부탁합니다.
这个菜很好吃, 再要一个。
쩌거 차이 헌 하오츠   짜이 야오 이거

이것을 좀 더 갖다 주세요.
再拿一点儿这个来吧。
짜이 나 이디얼 쩌거 라이 바

접시를 바꿔 주세요.
请换一下碟子。
칭 후안 이샤 디에즈

젓가락 하나 갖다 주세요.
给我拿双筷子吧。
게이 워 나 쑤앙 콰이즈 바

야채 샐러드를 주세요.
我要青菜沙拉。
워 야오 칭차이샤라

남은 음식은 가져 가겠습니다. 좀 싸 주세요.
我想带走，请给我包一下。
워 샹 따이조우 칭게이워 빠오 이샤

술·차를 주문할 때

맥주는 어떤 게 있습니까?
有什么啤酒?
여우 션머 피지우

청도 맥주 두 병 주세요.
要两瓶青岛啤酒。
야오 량핑 칭따오 피지우

맥주 한 병 더 갖다 주세요.
给我再拿一瓶啤酒来吧。
게이 워 짜이 나 이핑 피지우 라이 바

포도주 메뉴를 보여 주세요.
给我拿葡萄酒单来看一看。
게이 워 나 푸타오 지우딴 라이 칸이칸

재스민 차를 마시고 싶습니다.
我想喝茉莉花茶。
워 샹 허 모리후아 차

마오타이주(위스키) 있어요?
有没有茅台酒(威士忌)？

여우 메이여우 마오타이 지우(웨이스지)

이 술은 몇 도나 됩니까?
这个酒有多少度？

쩌거 지우 여우 뚜어샤오 뚜

한 잔 더 주세요.
给我再来一杯。

게이 워 짜이 라이 이뻬이

냉수 한 잔 갖다 주세요.
给我拿一杯凉水来吧。

게이 워 나 이뻬이 리앙수이 라이 바

크림을 넣은 홍차를 주세요.
给我拿奶油红茶来吧。

게이 워 나 나이여우 홍츠아 라이 바

패스트푸드점·포장마차에서

햄버거 하나, 콜라 작은 것으로 한 잔 주세요.
我要一个汉堡，一杯小号的可乐。
워 야오 이거 한바오　　이뻬이 샤오하오 더 커러

2번 세트로 주세요.
请给我二号套餐。
칭게이워 얼하오 타오찬

저는 이것으로 하겠습니다.
我要这个。
워 야오 쩌거

딸기 아이스크림 있습니까?
有草莓冰淇淋没有？
여우 차오메이 삥지링 메이여우

여기서 먹을 겁니다. / 가지고 가겠습니다.
在这儿吃。/ 我要带走。
짜이 쩔 츠　　　　워 야오 따이 조우

여기서 식사를 하고 싶은데 어떤 요리가 있습니까?
我们要在这儿吃饭，有什么菜？

워먼 야오 짜이 쩔 츠 판　　　여우 선머 차이

교자 좋아하십니까?
你爱吃饺子吗？

니 아이 츠 지아오즈 마

1인당 2위엔 정도로 적당한 요리를 만들어 주세요.
每个人两块左右，请适当给我们做些菜。

메이거런 량콰이 주오여우　칭 스땅 게이 워먼 쭈오 시에 차이

저 사람과 같은 것으로 주세요.
请给我跟他一样的菜。

칭 게이 워 껀 타 이양 더 차이

이 요리 맵습니까?
这个菜辣不辣？

쩌거 차이 라 부라

식당에서의 문제

주문했는데 아직 안 나왔습니다.
我点的菜还没来。
워 디엔 더 차이 하이메이 라이

이것은 제가 주문한 것이 아닙니다.
这不是我要的东西。
쩌 부 스 워 야오 더 똥시

너무 느끼해서 못 먹겠어요.
太油腻了，吃不了。
타이 여우니 러   츠 뿌랴오

향이 너무 진합니다.
香气太冲。
샹치 타이 총

이것은 깨끗하지 않아요.
这个不干净。
쩌거 뿌 깐징

이것을 더 익혀(구워) 주세요.
把这个再煮(烤)一下吧。
바 쩌거 짜이 쭈(카오) 이시아 바

얼마나 기다려야 합니까?
要等多长时间?
야오 덩 뚜어창 스지엔

이건 너무 질겨요(달아요, 십니다).
这个太硬(甜, 酸)。
쩌거 타이 잉(티엔, 수안)

이 요리는 너무 짭니다.
这个菜太咸了。
쩌거 차이 타이 시엔 러

맛을 좀 싱겁게 해 주시겠습니까?
能做淡点儿吗?
넝 쭈오 단 디얼 마

계산할 때

어디서 계산합니까?
在哪儿付款?
짜이 날 푸쿠안

계산서 부탁합니다.
请结帐。
칭 지에짱

신용카드 됩니까?
可以用信用卡吗?
커이 용 신용카 마

모두 얼마입니까?
一共多少钱?
이꽁 뚜어샤오 치엔

봉사료가 들어 있습니까?
服务费在内吗?
푸우페이 짜이 네이 마

전부 제가 계산하겠습니다. / 각자 계산하겠습니다.
全部由我来付款。/ 各付各的。

취엔뿌 여우 워 라이 푸콴   꺼 푸 꺼 더

이 계산서는 잘못 되었습니다.
这个账算得不对。

쩌거 쨩 수안 더 부 뚜이

이것은 무슨 요금입니까?
这是什么钱?

쩌 스 선머 치엔

영수증 주세요.
请开发票。

칭 카이 파피아오

잘 먹었습니다.
吃好了。

츠 하오 러

Chapter 5

전화·우편

1. 시내전화 걸 때
2. 국제전화 걸 때
3. 전화 받을 때
4. 잘못 걸린 전화·부재중일 때
5. 우체국에서

간단한 한마디

여보세요, ~입니까?

喂, 是 [베이징 호텔 北京饭店 베이징 판디엔 / 이선생님댁 李先生家 리 시앤성 지아 / 교환 总机 종지] 吗?
웨이 스   마

죄송하지만 그는 ~.

真不巧, 他 [출장갔다 出差了 추차이러 / 외출했다 外出了 와이추러 / 방금 나갔다 刚出去 깡추취] 。
쩐 뿌치아오 타

시내전화 걸 때

이 근처에 공중전화 있습니까?
请问, 附近有公用电话吗?
칭원 푸진 여우 꽁용 띠엔후아 마

공중전화 카드는 어디서 팝니까?
公用电话卡在哪儿卖?
꽁용 띠엔후아카 짜이 날 마이

실례지만, 전화 좀 쓰겠습니다.
劳驾, 用用您的电话。
라오 지아 용용 닌 더 띠엔후아

외선 전화는 어떻게 겁니까?
打外线怎么打?
다 와이시엔 쩐머 다

여보세요, 장 선생님 댁입니까?
喂, 是张先生家吗?
웨이 스 장시엔성 지아 마

여보세요, 왕 선생님 바꿔 주세요.
喂，我找王先生。
웨이 워 자오 왕 시엔성

실례지만, 왕 사장님 돌아오셨습니까?
请问，王经理来了没有？
칭원　　　왕 징리 라이 러 메이여우

제 전화번호는 761 1345입니다.
我的电话号码是七六一 一三四五。
워 더 띠엔후아 하오마 스 치리우야오 야오싼쓰우

다시 전화 하겠습니다.
再打电话。
짜이 다 띠엔후아

저에게 전화 좀 해 달라고 전해 주세요.
请让他给我打电话。
칭 랑 타 게이 워 다 띠엔후아

국제전화 걸 때

국제전화는 어떻게 겁니까?
请问, 国际电话怎么打?
칭원　　　구어지 띠엔후아 쩐머 다

이 전화로 국제전화를 걸 수 있습니까?
这个电话能打国际电话吗?
쩌거 띠엔후아 넝 다 구어지 띠엔후아 마

여보세요, 교환입니까?
喂, 是总机吗?
웨이　스 종지 마

한국에 국제전화를 걸려고 합니다.
我想给韩国打国际电话。
워 샹 게이 한구어 다 구어지 띠엔후아

콜렉트콜로 부탁합니다.
请让对方付款。
칭 랑 뚜이팡 푸쿠안

국제전화 교환 부탁합니다.
接给国际台的话务员。
지에 게이 구어지타이 더 화우위엔

한국 서울에 지명 통화를 하려고 합니다.
我要给韩国首尔打叫号电话。
워 야오 게이 한구어 쇼우얼 다 지아오 하오 띠엔후아

802호실입니다. 저는 ~입니다.
八零二号房间。我叫~。
빠 링 얼 하오 팡지엔   워 지아오 ~

좀 천천히 말씀해 주시겠습니까?
请再说慢一点儿好吗?
칭 짜이 슈어 만 이디얼 하오 마

다시 한번 말씀해 주시겠습니까?
请再说一遍好吗?
칭 짜이 슈어 이 비엔 하오 마

전화 받을 때

누굴 찾으세요?
您找谁?
닌 자오 쉐이

무슨 일로 그를 찾으십니까?
您找他有什么事吗?
닌 자오 타 여우 션머 스 마

누구시죠?
您是哪位?
닌 스 나 웨이

그가 당신 번호를 알고 있습니까?
他知道您的电话吗?
타 쯔다오 닌 더 띠엔후아 마

잠깐만 기다리세요.
请稍等一下。
칭 샤오 덩 이샤

전언을 남기시겠어요?
您要不要给他留话?
닌 야오 뿌 야오 게이 타 리우화

잠깐만 기다리세요, 메모하겠습니다.
请稍等,我记一下。
칭 샤오 덩   워 지 이샤

당신 전화번호를 가르쳐 주세요.
请告诉我你的电话号码。
칭 까오수 워 니 더 띠엔후아 하오마

잠시 뒤에 다시 전화해 주세요.
请过一会儿再打电话。
칭 꾸어 이후월 짜이 다 띠엔후아

실례지만 큰 소리로 말씀해 주시겠습니까?
对不起,请大点儿声说好吗?
뚜이부치   칭 따 디얼 셩 슈어 하오 마

잘못 걸린 전화·부재중일 때

전화 잘못 거셨습니다.
你打错了。
니 다 추어 러

몇 번에 걸었습니까?
你打的是多少号?
니 다 더 스 뚜어샤오 하오

죄송합니다, 잘못걸었습니다.
对不起, 我打错了。
뚜이부치　　워 다 추어 러

그는 출장 중입니다.
他出差了。
타 추차이 러

통화중입니다.
占线。
짠시엔

그는 아직 돌아오지 않았습니다.
他还没回来。
타 하이메이 후이라이

언제 돌아옵니까?
什么时候回来?
션머 스호우 후이라이

그의 휴대폰 번호는 몇 번입니까?
他的手机号是多少?
타 더 쇼우지 하오 스 뚜어샤오

아무도 전화를 받지 않습니다.
没人接。
메이 런 지에

여기에 이 선생님이라는 분은 안 계십니다.
这儿没有姓李的。
쩔 메이여우 씽 리 더

우체국에서

가장 가까운 우체국(우체통)은 어디에 있습니까?
最近的邮局(邮筒)在哪儿?
쭈이진 더 여우쥐(여우통) 짜이 날

항공우편으로 부탁합니다.
请寄航空信。
칭 지 항콩씬

속달(등기)로 부탁합니다.
请寄快件(挂号信)。
칭 지 콰이지엔(꾸아하오씬)

이 소포 한국까지 얼마입니까?
这个包裹寄到韩国多少钱?
쩌 거 빠오구어 지 따오 한구어 뚜어샤오 치엔

한국까지 며칠 걸립니까?
到韩国需要几天?
따오 한구어 쉬야오 지 티엔

우표는 어디에서 팝니까?
邮票在哪儿卖?
여우피아오 짜이 날 마이

엽서(우표)를 사려고 합니다.
我要买明信片(邮票)。
워 야오 마이 밍씬 피엔(여우 피아오)

얼마짜리 우표를 붙여야 합니까?
要贴多少邮票?
야오 티에 뚜어샤오 여우피아오

1위엔짜리 우표 3장 주세요.
我要三张一块的邮票。
워 야오 싼장 이콰이 더 여우피아오

이 소포를 선편으로 보내고 싶습니다.
这个包裹想海运。
쩌거 빠오구어 샹 하이윈

Chapter 6

교 통

1. 길·교통수단을 물을 때
2. 항공권 구입·체크인 할 때
3. 표 살 때
4. 열차를 이용할 때 (1)
5. 열차를 이용할 때 (2)
6. 시내버스를 이용할 때
7. 지하철을 이용할 때
8. 장거리버스를 이용할 때
9. 택시를 이용할 때
10. 렌터카
11. 자전거를 빌릴 때

간단한 한마디。

~행 표는 어디서 살 수 있습니까?

去 的票在哪里买?
취

베이징 北京 베이징
상하이 上海 상하이
칭다오 青岛 칭다오

더 피아오 짜이 나리 마이

388열차 상하이까지 1등침대석 2장 주세요.

388 (次) 到 上海 软卧 2张。
싼빠빠(츠) 따오 상하이 루안워 량장

| 열차번호 | | 목적지 | 좌석 | 매수 |

길·교통수단을 물을 때

여기가 어디입니까?
这是哪儿?
쩌 스 날

실례지만, 이 길이 왕푸징 대로로 가는 길입니까?
请问, 去王府井大街是走这条路吗?
칭원   취 왕푸징 따지에 스 조우 쩌 티아오루 마

이 부근에 버스정류장이 있습니까?
附近有公共汽车站吗?
푸진 여우 꽁공 치처짠 마

실례지만, 지하철역은 어디 있습니까?
请问, 地铁站在哪儿?
칭원   띠티에짠 짜이 날

어떻게 가면 가장 빠릅니까?
怎么走最快?
쩐머 조우 쭈이 콰이

인민공원은 가깝습(멉)니까?
人民公园近(远)吗?
런민 꽁위엔 진(위엔) 마

베이징 호텔까지 어떻게 가는지 아세요?
您知道北京饭店怎么走吗?
닌 쯔 다오 베이징 판디엔 쩐머 조우 마

여기서 역까지 어떻게 가면 가장 가깝습니까?
从这儿到车站怎么走最近?
총 쩔 따오 처짠 쩐머 조우 쭈이진

걸어서 얼마나 걸립니까?
步行要多长时间?
뿌싱 야오 뚜어창 스지엔

이 근처에 화장실이 있습니까?
这附近有厕所吗?
쩌 푸진 여우 처수오 마

항공권 구입·체크인 할 때

비행기 표는 어디에서 살 수 있습니까?
机票在哪里买呢?
지피아오 짜이 나리 마이 너

비행기로 시안에 갈 수 있습니까?
坐飞机可以到西安去吗?
쭈어 페이지 커이 따오 시안 취 마

시안행 비행기표 2장을 예약하려고요.
我想订两张去西安的飞机票。
워 샹 띵 량장 취 시안 더 페이지 피아오

베이징에서 상하이까지 시간이 얼마나 걸립니까?
从北京到上海去得用多长时间呢?
총 베이징 따오 상하이 취 데이 용 뚜어창 스지엔 너

내일 아침 표 있습니까?
明天上午的有吗?
밍티엔 샹우 더 여우 마

시안 행 보통석 2장 주세요.
我要两张到西安去的硬席票。
워 야오 량장 따오 시안 취 더 잉시 피아오

다음 주 토요일 것을 원합니다.
我要下星期六的。
워 야오 시아 싱치리우 더

동방항공 카운터는 어디 있습니까?
东方航空的登机处在哪儿?
똥팡항콩 더 떵지추 짜이 날

몇 시에 탑승을 시작합니까?
几点登机?
지 디엔 떵지

몇 번 게이트에서 탑승합니까?
从几号登机口登机?
총 지하오 떵지커우 떵지

표 살 때

매표소는 어디 있습니까?
售票处在哪儿?
쇼우피아오추 짜이 날

시안까지 얼마입니까?
到西安要多少钱?
따오 시안 야오 뚜어샤오 치엔

상하이행 배는 몇 시에 떠납니까?
到上海的船几点开?
따오 상하이 더 추안 지 디엔 카이

표 주세요.
买票。
마이 피아오

35번 열차 시안까지 2장 주세요.
要两张35次去西安的。
야오 량 장 싼스우 츠 취 시안 더

산하이구안행 1등석(보통석) 1장 주세요.
给我一张到山海关去的软席(硬席)票吧。
게이 워 이장 따오 산하이구안 취 더 루안시(잉시) 피아오 바

1등석 침대차 표 3장 주세요.
请给我三张软席卧铺票。
칭 게이 워 싼장 루안시 워푸피아오

베이징 왕복표 2장 주세요.
给我两张北京的来回票吧。
게이 워 량장 베이징 더 라이후이피아오 바

1등석 표 4장 주세요.
我要四张头等舱的票。
워 야오 쓰장 터우덩창 더 피아오

좀더 이른 열차는 있습니까?
有更早一点的列车吗?
여우 껑 자오 이디엔 더 리에처 마

열차를 이용할 때 (1)

이 열차는 베이징행입니까?
这趟列车是开往北京去的吗?

쩌탕 리에처 스 카이왕 베이징 취 더 마

몇 번 홈에서 출발합니까?
从几号站台上车?

총 지하오 짠타이 샹처

출발까지 시간이 얼마나 있습니까?
离开车还有多少时间?

리 카이처 하이 여우 뚜어샤오 스지엔

톈진행은 어디에서 갈아타면 좋습니까?
要到天津去, 在哪儿换车好呢?

야오 따오 티엔진 취 짜이 날 후안처 하오 너

열차는 얼마 동안 여기에 정차합니까?
列车在这儿停多长时间?

리에처 짜이 쩔 팅 뚜어창 스지엔

산하이구안행 다음 열차는 몇 시에 출발합니까?
下一班去山海关的火车几点开车？
시아 이빤 취 산하이구안 더 후오처 지디엔 카이처

다음 역은 어디입니까?
下一站是哪儿？
시아 이잔 스 날

이 열차는 텐진에 섭니까?
这趟列车在天津停不停车？
쩌탕 리에처 짜이 티엔진 팅 뿌팅 처

텐진에 몇 시에 도착합니까?
几点钟到天津呢？
지디엔 쫑 따오 티엔진 너

둔황까지 시간이 얼마나 걸립니까?
到敦煌需要多长时间？
따오 뚠황 쉬야오 뚜어창 스지엔

열차를 이용할 때 (2)

실례지만, 이건 제 자리입니다.
对不起，这个座位是我的。
뚜이부치   쩌거 쭈오웨이 스 워더

식당칸(침대칸)은 어디입니까?
餐车(卧铺车)在哪儿?
찬처(워푸처) 짜이 날

대합실은 어디에 있습니까?
候车室在哪儿?
호우처스 짜이 날

승무원은 어디 있습니까?
列车员在哪儿?
리에처위엔 짜이 날

안내소는 어디입니까?
问讯处在哪儿?
우원쉰추 짜이 날

이 자리 비었습니까?
这个座位有人吗?
쩌거 쭈오웨이 여우 런 마

여기로 바꿔 앉아도 되겠습니까?
可以换到这里吗?
커이 후안따오 쩌리 마

창문을 열어도 되겠습니까?
可以开窗户吗?
커이 카이 추앙후 마

도중하차 할 수 있습니까?
可以在中途下车吗?
커이 짜이 쭝투 시아처 마

베이징역까지 몇 정거장 남았습니까?
到北京火车站还有几站?
따오 베이징 후오처짠 하이여우 지 짠

시내버스를 이용할 때

이 근처에 버스 정류장이 있습니까?
这附近有公共汽车站吗?
쩌 푸진 여우 꽁공치처짠 마

역으로 가는 버스는 몇 번입니까?
去火车站坐几路车?
취 후오처잔 쭈오 지루처

이 버스가 시내행입니까?
这路车去城里吗?
쩌 루처 취 청리 마

박물관에 가려면 갈아타야 합니까?
去博物馆要换车吗?
취 보우구안 야오 후안처 마

몇 정거장입니까?
有几站?
여우 지 짠

베이징 대학까지 얼마입니까?
到北大多少钱?
따오 베이따 뚜어샤오 치엔

첸먼에 가려면 어디에서 내려야 합니까?
到前门在哪儿下车?
따오 치엔먼 짜이 날 시아처

베이징 호텔에 가려면 몇 번 버스를 타야 합니까?
去北京饭店坐几路车?
취 베이징 판디엔 쭈오 지 루처

고궁에 도착하면 알려 주시겠습니까?
到故宫时, 请叫我一声好吗?
따오 꾸궁 스   칭 지아오 워 이성 하오 마

내리겠습니다.
我要下车。
워 야오 시아처

지하철을 이용할 때

여기에서 제일 가까운 지하철역은 어디입니까?
离这儿最近的地铁站在哪儿?
리 쩔 쭈이진 더 띠티에짠 짜이 날

구러우에 가려면 몇 호선을 타야 합니까?
去鼓楼坐几路?
취 구러우 쭈오 지 루

베이징역에 가려면 어디서 갈아타야 합니까?
到北京站在哪儿换车?
따오 베이징짠 짜이 날 후안처

표는 어디서 삽니까?
在哪儿买票?
짜이 날 마이 피아오

요금이 모두 동일합니까?
票价都一样吗?
피아오 지아 또우 이 양 마

지하철 노선도 있습니까?
有没有地铁路线图?
여우 메이여우 띠티에 루시엔투

이 노선은 구러우로 갑니까?
这条线去敲楼吗?
쩌 티아오시엔 취 구러우 마

톈안먼 가는 쪽 출구는 어디입니까?
去天安门的出口在哪儿?
취 티엔안먼 더 추커우 짜이 날

지하철로 푸싱먼에 가는데 얼마나 걸립니까?
坐地铁到复兴门去, 得用多长时间?
쭈어 띠티에 따오 푸싱먼 취　데이 용 뚜어창 스지엔

어느 쪽에서 타야 합니까?
在哪个站台上车?
짜이 나거 짠타이 상 처

장거리버스를 이용할 때

버스터미널은 어디 있습니까?
汽车站在哪里?
치처짠 짜이 나리

매표소는 어디 있습니까?
售票处在什么地方?
쇼우피아오추 짜이 션머 띠팡

칭바이산행 버스는 몇 시에 출발합니까?
去长白山的汽车几点出发?
취 창바이산 더 치처 지디엔 추파

운임은 얼마입니까?
车费是多少钱?
처페이 스 뚜어샤오 치엔

고속버스는 몇 시간 간격으로 있습니까?
长途汽车多长时间有一辆?
창투치처 뚜어창 스지엔 여우 이량

몇 시에 출발합니까?
几点出发?
지디엔 추파

상하이까지 얼마나 걸립니까?
到上海需要多长时间?
따오 상하이 쉬야오 뚜어창 스지엔

짐은 어디에 놓아야 합니까?
行李应该放在哪儿?
싱리 잉까이 팡 짜이 날

이것은 내가 갖고 가겠습니다.
这个我自己拿去。
쩌거 워 쯔지 나 취

이 자리 사람 있습니까?
这个座位有人吗?
쩌거 쭈오웨이 여우 런 마

택시를 이용할 때

택시는 어디에서 탈 수 있습니까?
哪儿有出租车?
날 여우 추주처

베이징 호텔까지 얼마입니까?
到北京饭店多少钱?
따오 베이징 판디엔 뚜어샤오 치엔

베이징 호텔로 가 주세요.
开到北京饭店去吧。
카이 따오 베이징 판디엔 취 바

이 주소까지 가 주세요.
请去这个地方。
칭 취 쩌거 띠팡

저 앞에서 좌회전 해 주세요.
请在前边往左拐。
칭 짜이 치엔비엔 왕 주오 과이

얼마나 걸립니까?
得用多长时间?
데이 용 뚜어창 스지엔

여기에서 세워 주세요.
请在这儿停车。
칭 짜이 쩔 팅처

택시를 세내고 싶습니다.
我要雇一辆出租汽车。
워 야오 꾸 이량 추주치처

요금은 얼마입니까?
车费要多少钱?
처페이 야오 뚜어샤오 치엔

거스름돈을 주십시오.
请找给我钱吧。
칭 자오 게이워 치엔 바

렌터카

소형 차를 빌리고싶습니다.
我想租小车。
워 샹 주 시아오 처

하루 빌리는데 얼마입니까?
租一天多少钱?
쭈 이티엔 뚜어샤오 치엔

5일 쓸 겁니다.
我想用五天。
워 샹 용 우티엔

오토매틱 차 있습니까?
有自动排挡的车吗?
여우 쯔동 파이당 더 처 마

어떤 차종이 있습니까?
都有什么车型?
또우 여우 션머 처싱

이 차는 하루 얼마입니까?
这辆车一天要多少钱？
쩌 량 처 이티엔 야오 뚜어샤오 치엔

요금표를 보여 주세요.
请给我看看价目表。
칭 게이 워 칸칸 지아무비아오

보증금은 얼마입니까?
押金要多少钱？
야진 야오 뚜어샤오 치엔

교통지도 있습니까?
有没有交通地图？
여우 메이여우 지아오통 띠투

차는 어디에서 반환해야 합니까?
车在哪儿还给你们？
처 짜이 날 후안 게이 니먼

자전거를 빌릴 때

자전거를 어디서 빌릴 수 있습니까?
在哪儿可以租自行车?
짜이 날 커이 주 쯔싱처

하루 빌리는데 얼마입니까?
租一天多少钱?
쭈 이티엔 뚜어샤오 치엔

1시간 얼마입니까?
多少钱一个小时?
뚜어샤오 치엔 이거 시아오스

보증금이 필요합니까?
要押金吗?
야오 야진 마

보증금은 얼마입니까?
押金要多少钱?
야진 야오 뚜어샤오 치엔

좀더 작은 것 있습니까?
有没有更小的?
여우 메이여우 껑 샤오 더

브레이크가 듣지 않습니다.
车闸不好使。
처자 뿌 하오 스

공기를 좀 넣어 주세요.
请打点儿气。
칭 다디얼 치

몇 시에 반환하면 됩니까?
几点还给你们?
지 디엔 후안게이 니먼

보증금을 반환해 주세요.
请把押金还给我。
칭바 야진 후안게이 워

Chapter 7

관 광

1. 관광안내소에서
2. 길을 물을 때
3. 관광버스를 이용할 때
4. 사진 찍을 때
5. 박물관·미술관에서
6. 연극·영화 볼 때
7. 경기관람·스포츠
8. 여흥을 즐길 때

간단한 한마디

이 근처에 ~가 있습니까?

这一带有没有 ？
쩌 이따이 여우 메이여우

극장	剧场	쥐창
박물관	博物馆	보우구안
공원	公园	꽁위엔

입장권 ~장 주세요.

买 ☐ 张。
마이   장

관광안내소에서

베이징에 오면 어디를 꼭 가봐야 합니까?
来到北京应该去哪些地方?
라이 따오 베이징 잉까이 취 나시에 띠팡

거기에는 어떤 재미있는 것이 있습니까?
那里有什么有意思的东西?
나리 여우 션머 여우이쓰 더 똥시

어떤 명소나 유적이 있습니까?
有什么名胜古迹?
여우 션머 밍성구지

어느 거리가 가장 번화합니까?
哪条街最热闹?
나 티아오 지에 쭈이 러나오

시내지도 한 장 주세요.
请给我一张市内地图。
칭 게이 워 이장 스네이 띠투

이곳의 안내서를 보여 주세요.
给我看看这里的游览手册吧。
게이 워 칸칸 쩌리 더 여우란 쇼우처 바

버스로 왕복 얼마나 걸립니까?
坐公共汽车，来回要多长时间?
쭈오 꽁공 치처   라이 후이 야오 뚜어창 스지엔

교통은 편리합니까?
交通方便吗?
지아오통 팡비엔 마

유명한 명승지는 어디 있습니까?
有名的旅游景点在哪儿?
여우 밍 더 뤼여우징디엔 짜이 날

반나절밖에 시간이 없는데 어디를 가보는 것이 좋습니까?
只有半天时间，去哪儿好呢?
쯔 여우 빤티엔 스지엔   취 날 하오너

길을 물을 때

실례지만, 길 좀 묻겠습니다.
麻烦你，问一下路。
마판 니　　원 이시아 루

이 거리 이름은 무엇입니까?
这条街叫什么名字?
쩌 티아오지에 지아오 선머 밍즈

톈안먼에 가는 길을 가르쳐 주세요.
请告诉我去天安门的路。
칭 까오수 워 취 티엔안먼 더 루

말 좀 묻겠습니다, 이 길로 가면 어디가 나옵니까?
请问，这条马路是通到哪里的?
칭원　　　쩌 티아오마루 스 통 따오 나리 더

약도를 그려 주시겠어요?
画一张略图好吗?
후아 이장 뤼에투 하오 마

지하철로 왕푸징에 갈 수 있습니까?
坐地铁，可以到王府井吗?
쭈오 띠티에 커이 따오 왕푸징 마

저는 길을 잃었습니다.
我迷路了。
워 미 루 러

이 길이 베이하이 공원으로 가는 길입니까?
这是通到北海公园的路吗?
쩌 스 통따오 베이하이 꽁위엔 더 루 마

걸어서 갈 수 있습니까?
能走着去吗?
넝 조우져 취 마

이 지도에서 길을 가르쳐 주시겠습니까?
请你在这张地图上给我指出路线来吧。
칭 니 짜이 쩌장 띠투 샹 게이 워 쯔추 루시엔 라이 바

관광버스를 이용할 때

만리장성으로 가는 관광에 참가하고 싶습니다.
我想参加去长城的旅游。
워 샹 찬지아 취 창청 더 뤼여우

몇 시 출발입니까(돌아옵니까)?
几点出发(回来)？
지디엔 추파(후이라이)

몇 시까지 버스로 돌아와야 합니까?
我应该几点回到汽车上来？
워 잉까이 지디엔 후이따오 치처 샹 라이

사진 찍을 시간(자유시간)은 있습니까?
有照相的时间(自由时间)吗？
여우 짜오샹 더 스지엔(쯔여우 스지엔) 마

한국어 가이드가 딸린 단체여행 있습니까?
有带韩国语导游的团吗？
여우 따이 한구어 위 다오 여우 더 투안 마

그 투어는 어디를 갑니까?
那个旅游团去什么地方?
나거 뤼여우투안 취 션머 띠팡

그곳에 갔다오는데 얼마나 시간이 걸립니까?
到那里去来回得用多长时间?
따오 나리 취 라이후이 데이 용 뚜어창 스지엔

이 건물은 무엇입니까?
这建筑物是什么?
쩌 지엔쭈우 스 션머

좀 들어가 봐도 되겠습니까?
进去看看可以吗?
진 취 칸칸 커이 마

내 짐을 맡아 주시겠습니까?
可以把行李寄放在这里吗?
커이 바 싱리 지팡 짜이 쩌리 마

사진 찍을 때

여기서 사진을 찍어도 됩니까?
在这里可以照相吗?
짜이 쩌리 커이 짜오시앙 마

안에서 캠코더를 찍어도 됩니까?
场内可以录像吗?
창네이 커이 루샹 마

사진을 찍어 주세요.
给我照一张像吧。
게이 워 짜오 이장 시앙 바

우리 사진을 좀 찍어 줄 수 있습니까?
请你帮我们照相好吗?
칭 니 빵 워먼 짜오시앙 하오 마

이 셔터 좀 눌러 주시겠어요?
帮我按一下快门儿好吗?
빵 워 안 이시아 콰이멀 하오 마

여길 누르면 됩니다.
按这儿就行。
안 쩔 지우씽

칼라필름 있습니까?
有彩色胶卷儿吗?
여우 차이써 지아오쥐얼 마

이 필름을 현상해서 인화해 주십시오.
请冲洗一下这个胶卷儿。
칭 총 시 이시아 쩌거 지아오쥐얼

사진은 언제 됩니까?
像片得什么时候才洗出来呢?
시앙피엔 데이 션머 스호우 차이 시추 라이 너

사진을 우편으로 보내 주세요. 이것이 주소입니다.
请把洗好的照片，送给我吧。这就是地址。
칭 바 시하오 더 짜오피엔 쏭 게이 워 바 쩌 지우 스 띠쯔

박물관·미술관에서

박물관 표는 어디에서 삽니까?
在哪儿买博物馆的门票？
짜이 날 마이 보우구안 더 먼피아오

입장료는 얼마입니까?
门票多少钱？
먼피아오 뚜어샤오 치엔

오늘 표 있습니까?
有当天的票吗？
여우 땅티엔 더 피아오 마

표는 한 장에 얼마입니까?
票多少钱一张？
피아오 뚜어샤오 치엔 이장

어른 4장 주세요.
买四张大人票。
마이 쓰 장 따런 피아오

어린이 2장 주세요.
买两张儿童票。
마이 량장 얼통 피아오

무슨 요일에 휴관합니까?
星期几休息?
싱치 지 시우시

몇 시에 닫습니까(엽니까)?
几点闭(开)馆?
지 디엔 삐(카이)구안

카메라(캠코더)를 갖고 들어 가도 됩니까?
可不可以带相机(摄像机)?
커부커이 따이 시앙지(셔시앙지)

한국어로 소개된 안내책자 있습니까?
有韩文介绍的说明书吗?
여우 한원 지에샤오 더 슈어밍수 마

연극·영화 볼 때

경극은 어디에서 공연하고 있습니까?
什么地方演京剧?
션머 띠팡 옌 징쥐

리위엔극장은 몇 시에 시작합니까?
梨园剧场几点钟开演?
리위엔쥐창 지디엔 쫑 카이옌

지금 무엇을 공연하고 있나요?
现在演什么呢?
시엔짜이 옌 션머 너

몇 시에 시작합니까?
几点开演?
지 디엔 카이옌

좌석 종류는 몇 가지 있습니까?
票价一共有几种?
피아오지아 이꽁 여우 지쫑

1등석 3장 주세요.
给我三张头等票吧。
게이 워 싼장 토우덩 피아오 바

프로그램 1장 주세요.
请给我一张节目单。
칭 게이 워 이장 지에무딴

가장 좋은 영화관은 어디 있습니까?
最好的电影院在哪里呢?
쭈이 하오 더 띠엔잉위엔 짜이 나리 너

여기에서 가깝습니까?
离这里近不近?
리 쩌리 진뿌진

입장권은 얼마입니까?
票,要多少钱?
피아오 야오 뚜어샤오 치엔

경기관람·스포츠

저는 농구 경기를 즐겨 봅니다.
我爱看篮球比赛。
워 아이 칸 란치우 비싸이

축구경기를 보고 싶습니다.
我想看足球比赛。
워 샹 칸 쭈치우 비싸이

오늘 축구경기가 몇 경기 있습니까?
今天有几场足球比赛?
진티엔 여우 지 창 쭈치우 비싸이

어느 팀이 경기합니까?
哪个队在比赛?
나거 뚜이 짜이 비싸이

어디서 경기가 있습니까?
在哪儿比赛?
짜이 날 비싸이

표는 어디서 삽니까?
在哪儿买票？
짜이 날 마이 피아오

골프(테니스)를 치고 싶습니다.
我想打高尔夫球(网球)。
워 샹 다 까오얼푸치우(왕치우)

실례지만, 라켓은 어디서 빌립니까?
请问，在哪儿可以借到球拍？
칭원 짜이날 커이 지에 따오 치우파이

골프를 배울 수 있는 곳 있습니까?
哪儿有学高尔夫球的地方？
날 여우 쉬에 까오얼푸치우 더 띠팡

등록비는 얼마입니까?
报名费是多少钱？
빠오밍페이 스 뚜어샤오 치엔

여흥을 즐길 때

이 호텔에 가라오케가 있습니까?
在饭店里有卡拉OK吗?
짜이 판디엔 리 여우 카라오케 마

이 근처에 나이트클럽이 있습니까?
这附近有夜总会吗?
저 푸진 여우 예종후이 마

예약을 해야 합니까?
要不要预订?
야오 뿌 야오 위띵

한국노래 있습니까?
有没有韩国歌曲?
여우 메이여우 한구어 꺼취

노래책 좀 보여 주세요.
请给我看看歌曲集。
칭 게이 워 칸칸 꺼취지

디스코텍에 춤추러 가고 싶습니다.
我想去迪厅跳舞。
워 샹 취 디팅 티아우

오늘밤은 몇 시까지 합니까?
今天晚上开到几点?
진티엔 완샹 카이 따오 지 디엔

룸 하나 빌리는데 얼마입니까?
包厢多少钱?
빠오시앙 뚜어샤오 치엔

표는 어떻게 삽니까?
门票怎么买?
먼피아오 쩐머 마이

입장료는 한 장에 얼마입니까?
票多少钱一张?
피아오 뚜오샤오 치엔 이장

Chapter 8

쇼핑

1. 매장·상점을 찾을 때
2. 흥정할 때
3. 옷 살 때
4. 보석·악세사리 살 때
5. 신발·가방·모자 살 때
6. 미술품·공예품·문방구 살 때
7. 차·한약·화장품 살 때
8. 계산·교환할 때
9. 포장·배송을 부탁할 때

간단한 한마디

~ 있습니까?

有 | 차이나드레스 旗袍 치파오 | 吗?
여우 | 양말 袜子 와즈 | 마
　　| 벨트 皮带 피따이 |

~을 사고 싶습니다.

我想买 | 책 书 수
워 샹 마이 | 식기 餐具 찬쥐 | 。
　　　　| 청량음료 冷饮 렁인

매장·상점을 찾을 때

백화점(쇼핑가)은 어디 있습니까?
百货商店(商店街)在哪儿?
바이후어 샹띠엔(샹띠엔지에) 짜이 날

어디에서 이 지역 특산품을 살 수 있어요?
在哪里可以买到这儿的特产?
짜이 나리 커이 마이 따오 쩔 더 터찬

가장 가까운 슈퍼마켓은 어디입니까?
离这儿最近的超级市场在哪儿?
리 쩔 쭈이진 더 챠오지 스챵 짜이 날

이곳 상점은 몇 시에 문을 닫습니까?
这儿的商店几点关门?
쩔 더 샹띠엔 지디엔 꾸안 먼

거기에는 어떻게 갑니까?
那儿怎么走?
날 쩐머 조우

화장품(완구)은 몇 층에 있습니까?
化妆品(玩具)在几楼?
후아쭈앙핀(완쥐) 짜이 지 로우

전자제품은 어디에서 팝니까?
电子产品在哪儿卖?
띠엔즈 찬핀 짜이 날 마이

남성용품은 어디서 팝니까?
男士用品在哪里卖呢?
난시용핀 짜이 나리 마이 너

엘리베이터는 어디 있습니까?
电梯在哪儿?
띠엔티 짜이 날

이곳에 화장실은 없습니까?
里边儿有没有厕所?
리비얼 여우메이여우 처수오

흥정할 때

얼마입니까?
多少钱?
뚜어샤오 치엔

너무 비싸네요.
太贵了。
타이 꾸이 러

좀 깎아 줄 수 있습니까?
能便宜一点儿吗?
넝 피엔이 이디얼 마

좀더 깎아 주세요.
再便宜一点儿吧。
짜이 피엔이 이디얼 바

좀 싼 것은 없습니까?
有没有再便宜点儿的吗?
여우 메이여우 짜이 피엔이 디얼 더 마

이 옷은 할인됩니까?
这件衣服打折吗?
쩌 지엔 이푸 다저 마

몇 퍼센트 할인됩니까?
打几折?
다 지 저

이것보다 더 좋은 것이 있습니까?
有比这个再好的没有?
여우 비 쩌거 짜이 하오더 메이여우

다른 걸 주세요.
我要别的样子的。
워 야오 비에더 양즈 더

미안하지만 좀 있다가 다시 올게요.
对不起, 我回头再来。
뚜이부치   워 후이터우 짜이 라이

옷 살 때

중국 전통 옷을 사고 싶습니다.
我想要中国传统式服装。
워 샹 야오 쭝구 추안통스 푸쭈앙

오버코트(스웨터) 있습니까?
有大衣(毛衣)没有?
여우 따이(마오이) 메이여우

전 몇 호짜리 셔츠를 입어야 합니까?
我应该穿多大号的衬衫?
워 잉까이 추안 뚜어따 하오 더 천샨

입어 봐도 됩니까?
可以试吗?
커이 스 마

탈의실은 어디입니까?
试衣间在哪儿?
스이지엔 짜이 날

이건 치수가 어떻게 됩니까?
这个尺寸是多少?

쩌거 츠춘 스 뚜어샤오

다른 색은 없습니까?
有别的颜色的吗?

여우 비에더 옌써 더 마

좀 수수한 건 없습니까?
有没有素一点儿的?

여우 메이 여우 수 이디얼 더

더 연한 색이 좋겠습니다.
我喜欢浅颜色的。

워 시환 치엔 옌써 더

이것은 면(실크)입니까?
这是棉(丝绸)的吗?

쩌스 미엔(쓰초우) 더 마

보석·악세사리 살 때

상아 귀걸이를 한 세트 사고 싶습니다.
我要一副象牙耳坠子。
워 야오 이푸 시앙야 얼쭈이즈

진주 목걸이를 보여 주세요.
给我看看珍珠项琏吧。
게이 워 칸칸 쩐쭈 시앙리엔 바

이거 순금입니까?
这是纯金的吗?
쩌 스 춘진 더 마

이것은 무슨 보석입니까?
这是什么宝石?
쩌 스 션머 바오스

보증서 있습니까?
有质量保证书吗?
여우 쯔리앙 바오쩡수 마

이 반지의 소재는 무엇입니까?
这个戒指是用什么做的呢?
쩌거 지에쯔 스 용 션머 쭈오 더 너

실크 손수건을 사고 싶습니다.
我要绸子的手帕儿。
워 야오 초우즈 더 쇼우팔

양말을 보여 주세요.
给我看一看袜子吧。
게이 워 칸이칸 와즈 바

이것을 6개 주세요.
把这个给我半打吧。
바 쩌거 게이 워 빤다 바

예쁘게 포장해 주시겠습니까?
包得好看一点好吗?
빠오 더 하오 칸 이디엔 하오 마

신발·가방·모자 살 때

어디서 신발을 팝니까?
卖鞋的柜台在哪儿?
마이 시에즈 더 꾸이타이 짜이 날

가죽구두를 보여 주세요.
请给我看看皮鞋。
칭 게이 워 칸칸 피시에

저 가죽 핸드백을 보여 주세요.
给我看看那个皮包吧。
게이 워 칸칸 나거 피빠오 바

진열대에 있는 저것을 좀 보여 주세요.
把货柜上的那个给我看看。
바 후오꾸이 샹 더 나거 게이 워 칸칸

신어봐도 됩니까?
可以试穿吗?
커이 스추안 마

슬리퍼(배낭/모자) 있습니까?
有拖鞋(背包/帽子)吗?
여우 투오시에(뻬이빠오/마오즈) 마

어떤 색깔이 있습니까?
有什么颜色的?
여우 션머 앤써 더

좀 더 작은 것 있습니까?
有再小一点儿的吗?
여우 짜이 샤오 이디얼 더 마

다른 모양은 없습니까?
有没有别的样式的?
여우 메이 여우 비에더 양스 더

이걸 사겠습니다.
我买这个。
워 마이 쩌거

미술품·공예품·문방구 살 때

수묵화(산수화)를 보여 주세요.
给我看一看水墨画(山水画)吧。
게이 워 칸이칸 수이모후아(산수이후아) 바

벼루를 사려고 하는데 어디서 팝니까?
我想买一只砚台, 在哪里卖?
워 샹 마이 이즈 얜타이 짜이 나리 마이

이 그림은 누구 작품입니까?
这幅画是谁的作品?
쩌 푸후아 스 쉐이 더 쭈오핀

만년필(볼펜) 있습니까?
有没有钢笔(圆珠笔)?
여우 메이여우 깡비(위엔쭈비)

여기서 어떤 물건이 제일 유명합니까?
这儿什么东西最有名?
쩔 션머 똥시 쭈이 여우밍

무슨 재료로 만든 겁니까?
用什么做的?
용 션머 쭈오 더

이것은 어디서 생산된 물건입니까?
这是哪里的产品?
쩌스 나리 더 찬핀

이것은 어느 시대 작품입니까?
这是什么时候的作品?
쩌 스 션머 스호우 더 쭈오핀

도장을 파고 싶습니다.
我想刻图章。
워 샹 커 투장

가장 좋은 먹은 어느 것입니까?
最好的墨是哪种?
쭈이 하오 더 모 스 나종

차·한약·화장품 살 때

어디에서 차잎을 팝니까?
哪儿有卖茶叶的?
날 여우 마이 차예 더

재스민 차 있습니까?
有没有茉莉花茶?
여우 메이여우 모리후아 차

룽징차 5백그램 주세요.
请给我五百克龙井茶。
칭 게이 워 우바이 커 롱징차

견본 몇 가지 좀 보여 주세요.
给我看看样品吧。
게이 워 칸칸 양핀 바

차잎 1킬로그램에 얼마입니까?
一公斤茶叶多少钱?
이꽁진 차예 뚜어샤오 치엔

여기에서 한약을 팝니까?
这儿卖中药吗?
쩔 마이 쭝야오 마

복용법을 말해 주세요.
请告诉我吃法。
칭 까오수 워 츠파

영양크림 있습니까?
有美容霜没有?
여우 메이롱 슈앙 메이여우

같은 립스틱 6개 주세요.
要六个一样的口红。
야오 리우거 이양 더 커우홍

따로따로 포장해 주세요.
请分开包装。
칭 펀카이 빠오쭈앙

계산·교환할 때

계산은 어디에서 합니까?
在哪儿交钱?
짜이 날 지아오치엔

신용카드(여행자 수표) 받습니까?
能用信用卡(旅行支票)吗?
넝 용 신용카(뤼싱쯔피아오) 마

하나에(전부) 얼마입니까?
一个(一共)多少钱?
이거(이꽁) 뚜어샤오 치엔

거스름돈이 틀립니다.
你找错钱了。
니 자오 추어 치엔 러

영수증을 부탁합니다.
请给我开张发票。
칭 게이 워 카이 짱 파피아오

그것은 파손되어 있습니다.
那是坏的。
나 스 후아이 더

새 것으로 바꿔 주세요.
给我换个新的。
게이 워 환 거 씬 더

교환해 줄 수 있습니까?
能换一下吗?
넝 후안 이시아 마

다른 색으로 바꾸고 싶습니다.
我想换别的颜色。
워 샹 후안 비에 더 옌써

환불해 줄 수 있습니까?
可以退钱吗?
커이 투이치엔 마

포장·배송을 부탁할 때

비닐봉지(종이봉지) 하나 주세요.
请给我一个塑料袋(纸袋)。
칭 게이 워 이거 쑤리아오따이(쯔따이)

잘 포장해 주세요.
请你包得好看些。
칭 니 빠오 더 하오칸 시에

따로따로 포장해 주시겠어요?
分别包一下好吗?
펀비에 빠오 이샤 하오 마

같이 포장해 주세요.
请包在一起。
칭 빠오 짜이 이치

그것을 이 주소로 보내 주세요.
请你们把它送到这个地址吧。
칭 니먼 바 타 쏭따오 쩌거 띠쯔 바

항공편으로 한국까지 며칠 걸립니까?
用航空寄到韩国要多少天?
용 항콩 지따오 한구어 야오 뚜어샤오 티엔

오늘 배달이 가능합니까?
今天能不能送到?
진티엔 넝 뿌 넝 쏭따오

베이징 호텔까지 배달해 줄 수 있습니까?
能送到北京饭店去吗?
넝 쏭따오 베이징 판띠엔 취 마

배달료는 얼마입니까?
送货费是多少?
쏭후오페이 스 뚜어샤오

배달시에 돈을 드리겠습니다.
送到的时候付钱。
쏭따오 더 스호우 푸 치엔

Chapter 9

문제해결

1. 분실·도난
2. 몸이 아플 때
3. 병원에서
4. 약국에서

간단한 한마디

~을 주세요.

请给我
칭 게이 워

진단서	诊断书	쩐두안수
감기약	感冒药	간마오야오
위장약	肠胃药	창웨이야오

。

하루 ~번 드세요.

一天吃 ☐ 次。
이 티엔 츠   츠

분실·도난

여권을 잃어버렸어요.
我丢了护照。
워 디우 러 후자오

지갑을 방에 두고 나왔는데요.
我把钱包忘在房间里了。
워 바 치엔빠오 왕 짜이 팡지엔 리 러

신용카드를 취소시켜 주세요. 신용카드 번호는 ~.
请注销这个信用卡。信用卡的号码是 ~。
칭 쭈 샤오 쩌거 씬용카   씬용카 더 하오마 스 ~

이 주소로 연락해 주세요.
请按此地址联系。
칭 안 츠 디쯔 리엔시

도와 주세요!
救命啊!
찌우 밍 아

지갑을 소매치기 당했어요.
钱包被偷了。
치엔빠오 뻬이 터우 러

짐을 도둑 맞았어요.
行李被偷了。
싱리 뻬이 터우 러

누가 좀 와 주세요!
来人哪!
라이 런 나

도둑이야!
小偷儿!
시아오 톨

경찰을 불러 주세요.
叫警察来。
지아오 징차 라이

몸이 아플 때

몸이 좀 아픕니다.
我不舒服。
워 뿌 수푸

여기가 아픕니다.
这儿疼。
쩔 텅

머리(배)가 좀 아픕니다.
有点儿头(肚子)疼。
여우 디얼 터우(뚜즈) 텅

다리에 쥐가 났습니다.
腿抽筋了。
투이 초우 진 러

오한이 납니다.
觉得发冷。
쥬에더 파렁

차멀미가 납니다.
好象晕车了。
하오샹 윈처 러

감기에 걸렸습니다.
感冒了。
간마오 러

식욕이 없습니다.
没有食欲。
메이여우 스위

어지럽습니다.
眩晕。
슈엔윈

구토가 납니다.
恶心。
어씬

병원에서

접수는 어디에서 합니까?
在哪儿挂号?
짜이 날 꾸아하오

내과에 접수하려고 합니다.
我要挂内科。
워 야오 꾸아 네이커

머리가 아파서 죽겠습니다.
头疼得要命。
터우 텅 더 야오밍

밤에 잠을 잘 잘 수 없습니다.
晚上睡不好觉。
완샹 수이 뿌 하오 지아오

처음 왔습니다.
我是第一次来。
워 스 띠 이 츠 라이

기침을 심하게 하고, 가래도 나옵니다.
咳嗽得很厉害，还有痰。
커써우 더 헌 리하이　하이 여우 탄

먹으면 토해 버립니다.
一吃东西就吐。
이 츠 뚱시 지우 투

약을 많이 먹었는데 아직 낫질 않아요.
吃了好多药，还不见效。
츠 러 하오 뚜어 야오 하이 뿌 지엔시아오

열은 없습니다.
不发烧。
뿌 파샤오

계속 가렵습니다.
痒得要命。
양 더 야오밍

Chapter 9 문제해결

199

약국에서

이 근처에 약국이 있습니까?
这附近有药房吗?
쩌 푸진 여우 야오팡 마

진통제(멀미약) 주세요.
请给拿一下止痛药(晕车药)。
칭 게이 나 이시아 쯔통야오(윈처야오)

감기약 있습니까?
有感冒药吗?
여우 간마오야오 마

전 알레르기가 있습니다.
我对药过敏。
워 뚜에이 야오 꾸어민

어떻게 복용합니까?
怎么服用?
쩐머 푸용

하루에 몇 번 먹습니까?
一天吃几次药?
이 티엔 츠 지 츠 야오

하루 네 차례, 한 번에 두 알 복용하세요.
每天四次, 每次两片。
메이 티엔 쓰 츠 메이 츠 리양 피엔

한방을 처방해 주세요.
请给我开中药。
칭 게이 워 카이 쭝야오

환약은 어떻게 먹죠?
丸药怎么吃?
완야오 쩐머 츠

식전, 식후 아무 때나 먹으면 됩니까?
饭前饭后都可以吗?
판 치엔 판 호우 또우 커이 마

Chapter 10

귀국

1. 비행편 예약·예약을 변경할 때
2. 탑승 수속할 때

간단한 한마디

~할 수 있습니까?

我能
워 넝

> 여기서 표를 사다
> 在这里买票 짜이 쩌리 마이 피아오
>
> 신용카드로 지불하다
> 用信用卡付款 용 씬용카 푸콴
>
> 거기에 버스로 가다
> 坐公共汽车去那里 쭈오 꽁꽁치처 취 나리

吗?
마

~하고 싶습니다.

我想
워 샹

> 예약을 변경하다
> 更改预约 껑가이 위위에
>
> 자리를 바꾸다
> 换一下座位 후안 이사 쭈오웨이

。

비행편 예약·예약을 변경할 때

여보세요, 동방항공입니까?
喂！是东方航空吗？
웨이 스 똥팡항콩 마

인천행 비행기표를 예약하고 싶습니다.
我想预订去仁川的机票。
워 샹 위에띵 취 런추안 더 지피아오

수요일 인천행 편은 있습니까?
有星期三去仁川的航班吗？
여우 싱치싼 취 런추안 더 항빤 마

그걸로 예약해 주세요.
请订那次班机。
칭 띵 나츠 빤지

이코노미(비즈니스) 클래스로 부탁합니다.
请给我订普通舱（公务舱）。
칭 게이 워 띵 푸통창(꽁우창)

여보세요, 예약 확인을 하고 싶습니다.
喂！我想确认机票。
웨이 워 샹 취에런 지피아오

전 ~이고 내일 오전 인천행입니다.
我叫 ~，是明天上午飞往仁川的。
워 지아오   스 밍티엔 샹우 페이 왕 런추안 더

항공편을 예약을 변경하고 싶습니다.
我想改变原订的班机。
워 샹 가이비엔 위엔띵 더 빤지

8월 13일자로 바꾸겠습니다.
想改为8月13号的。
샹 가이 웨이 빠위에 스싼 하오 더

오후편은 몇 시에 출발합니까?
下午的班机是几点起飞？
시아우 더 빤지 스 지디엔 치페이

탑승수속 할 때

동방항공 카운터는 어디입니까?
东方航空的服务台在哪儿?
똥팡항콩 더 푸우타이 짜이 날

여기서 탑승수속을 할 수 있습니까?
我能在这儿办登机手续吗?
워 넝 짜이 쩔 빤 떵지 쇼우쉬 마

탑승수속은 몇 시에 시작합니까?
登机手续几点开始办理?
떵지 쇼우쉬 지디엔 카이스 반리

창가 좌석으로 부탁합니다.
请给我订靠窗的座位。
칭 게이 워 띵 카오추앙 더 쭈오웨이

이 가방을 기내에 가지고 들어가도 됩니까?
我可以把这个包带上飞机吗?
워 커이 바 쩌거 빠오따이 샹 페이지 마

이 가방을 맡기고 싶습니다.
我想托运这个箱子。
워 샹 투오윈 쩌거 시앙즈

짐은 3개 있습니다.
我有3件行李。
워 여우 싼지엔 싱리

앞쪽(뒷쪽) 좌석이 좋겠는데요.
我想要一个靠前(靠后)的座位。
워 샹 야오 이거 카오 치엔(카오허우) 더 쭈오웨이

친구와 함께 앉고 싶습니다.
我想和朋友坐在一起。
워 샹 허 펑여우 쭈오 짜이 이치

몇 번 게이트에서 탑승합니까?
从几号登机口登机?
총 지하오 떵지커우 떵지

모르는 말 찾기

Wordbook

한 마디 단어로도
최소한의 의사를 전달할 수 있습니다.
모르는 말을 쉽게 찾아 볼 수 있도록
우리말 사전 순서에 따라
상황별로 요긴하게 쓸 수 있는
중국어 단어를 수록했습니다.

모르는 말 찾기

Wordbook 1
출발·도착

간단한 한마디

...는 ...의 ~입니다.

나 我 워		나 我 워		친구 朋友 펑여우
당신 你 니	是	당신 你 니	的	아들 儿子 얼즈
그 他 타	스	그 他 타	더	딸 女儿 뉘얼
그녀 她 타		그녀 她 타		동창 同学 퉁슈에

~은 어디 있습니까?

수화물 찾는 곳	行李领取处	씽리링취추
전화	电话	띠엔후아
안내소	问讯处	원쉰추

在哪里?
짜이 나리

월·요일·계절 이름

월 이름

1월	1月	이위에
2월	2月	얼위에
3월	3月	싼위에
4월	4月	쓰위에
5월	5月	우위에
6월	6月	리우위에
7월	7月	치위에
8월	8月	빠위에
9월	9月	지우위에
10월	10月	스위에
11월	11月	스이위에
12월	12月	스얼위에

단어만 말해도 뜻은 통한다!

요일 이름

일요일	星期日(天)	싱치르(싱치티엔)
월요일	星期一	싱치이
화요일	星期二	싱치얼
수요일	星期三	싱치싼
목요일	星期四	싱치쓰
금요일	星期五	싱치우
토요일	星期六	싱치리우

계절 이름

봄	春天	춘티엔
여름	夏天	시아티엔
가을	秋天	치우티엔
겨울	冬天	뚱티엔

인척과 인물·때와 시간 (1)

인척과 인물

~선생님(남성)	先生	시엔성
~부인(기혼 여성)	夫人	푸런
~아가씨(미혼 여성)	小姐	시아오지에
아버지(어머니)	父(母)亲	푸(무)친
아들	儿子	얼즈
딸	女儿	뉘얼
형제	兄弟	씨옹디
자매	姐妹	지에메이
누나(언니)	姐姐	지에지에
여동생	妹妹	메이메이
형(오빠)	哥哥	꺼거
남동생	弟弟	띠디
남편	丈夫	짱푸
아내	妻子	치즈
아이들	孩子	하이즈

단어만 말해도 뜻은 통한다!

젊은이	年轻人	니엔칭런
노인	老人	라오런
친구	朋友	펑여우

때와 시간 (1)

아침	早上	자오샹
낮	白天	바이티엔
저녁	晚上	완샹
오전	上午	샹우
점심(정오)	中午	쭝우
오후	下午	시아우
작년	去年	취니엔
금년	今年	진니엔
내년	明年	밍니엔
매년	每年	메이니엔

때와 시간 (2)·숫자 읽기

때와 시간 (2)

그저께	前天	치엔티엔
어제	昨天	쭈오티엔
오늘	今天	진티엔
내일	明天	밍티엔
모레	后天	호우티엔
매일	每天	메이티엔
일	天	티엔
일(날짜)	号	하오
지난 주	上星期	샹싱치
이번 주	这个星期	쩌거싱치
다음 주	下星期	시아싱치
지난 달	上个月	샹거위에
이번 달	这个月	쩌거위에
다음 달	下个月	시아거위에

 단어만 말해도 뜻은 통한다!

숫자 읽기

0	零	링
1	一	이
2	二	얼
3	三	싼
4	四	쓰
5	五	우
6	六	리우
7	七	치
8	八	빠
9	九	지우
10	十	스
11	十一	스이
12	十二	스얼
13	十三	스싼
14	十四	스쓰

숫자 읽기

15	十五	스우
16	十六	스리우
17	十七	스치
18	十八	스빠
19	十九	스지우
20	二十	얼스
21	二一	얼스이
30	三十	싼스
40	四十	쓰스
50	五十	우스
60	六十	리우스
70	七十	치스
80	八十	빠스
90	九十	지우스
100	一百	이 바이

단어만 말해도 뜻은 통한다!

200	二百	얼 바이
1,000	一千	이 치엔
2,000	二(两)千	얼(량) 치엔
10,000	一万	이 완
20,000	二(两)万	얼(량) 완
100,000	十万	스 완
1,000,000	一百万	이바이 완
2,000,000	二(两)百万	얼(량)바이 완
두 배	二(两)倍	얼(량) 뻬이
세 배	三倍	싼 뻬이
한 다스	一打	이 다
두 다스	两打	량 다

모르는 말 찾기 (가죽가방~다음 달)

한국어	중국어	발음
가죽가방	皮包	피빠오
가을	秋天	치우티엔
건강신고서	健康申报单	찌엔캉 션빠오딴
겨울	冬天	뚱티엔
고도	高度	까오두
고추장	辣椒酱	라지아오지앙
공항	机场	지창
공항 대합실	候机室	호우지스
공항 버스	大客车	따커처
공항 이용료	机场费	지창페이
과일주스	果汁	구오쯔
관광	观光	꾸안구앙
관광안내소	旅行问讯处	뤼싱원쉰추
교통체증	堵车	두처
구명조끼	救生衣	찌우셩이
9월	9月	지우위에
국내선	国内航线	구오네이항시엔
국적	国籍	구오지

단어만 말해도 뜻은 통한다!

국제선	国际航线	구오지항시엔
국제전화	国际电话	구오지 띠엔후아
그저께	前天	치엔티엔
금년	今年	진니엔
금연	禁止吸烟	진쯔 시앤
금요일	星期五	싱치우
기분이 좋지 않다	不舒服	뿌수푸
기차역	火车站	훠처짠
김	紫菜	쯔차이
김치	泡菜	파오차이
날짜	日期	르치
남동생	弟弟	띠디
남편	丈夫	짱푸
내년	明年	밍니엔
내일	明天	밍티엔
노인	老人	라오런
누나(언니)	姐姐	지에지에
다음 달	下个月	시아거위에

출발·도착

모르는 말 찾기 (다음 주~보통예금)

다음 주	下星期	시아싱치
담배	香烟	샹앤
담요	毛毯	마오탄
대만 화폐	台币	타이삐
대사관	大使馆	따스구안
돈	钱	치엔
동전	硬币	잉삐
동행자	同行	통씽
등받이	靠背	카오뻬이
딸	女儿	뉘얼
라면	方便面	팡비엔미엔
리무진	民航班车	민항빤처
매년	每年	메이니엔
매월	每个月	메이거위에
매일	每天	메이티엔
매점	小卖部	샤오마이뿌
매표소	售票处	셔우피아오추
맥주	啤酒	피지우

단어만 말해도 뜻은 통한다!

면세품	免税品	미엔수이핀
모레	后天	호우티엔
모포	毛毯	마오탄
목요일	星期四	싱치쓰
목적지	目的地	무디디
물건	东西	똥시
물 탄 위스키	加水的威士忌	지아수이 더 웨이스지
미국 달러	美元	메이위엔
미터기	计程器	지청치
바	酒吧	지우빠
바쁘다	忙	망
반입금지품	禁止携带入境的物品	진쯔 시에따이 루징 더 우핀
밤	晚上	완샹
배멀미	晕船	윈추안
버스	公共汽车	꽁꽁치처
버스 승강장	公共汽车站	꽁꽁치처짠
베개	枕头	찐터우
보통예금	活期存款	후오치 춘쿠안

출발도착

모르는 말 찾기 (봄~시내지도)

봄	春天	춘티엔
부인(기혼 여성)	夫人	푸런
분실신고서	失单	스딴
불입하다	交款	지아오쿠안
비상구	安全出口	안취엔추커우
비어 있음	无人	우런
비자	签证	치엔쩡
비즈니스	商务	샹우
비행	飞行	페이싱
비행기	飞机	페이지
비행장	机场	지창
빌리다	借	지에
사람 있음	有人	여우런
4월	4月	쓰위에
사이다	汽水	치수이
사이렌	警报器	징빠오치
산소마스크	氧气面具	양치미엔쥐
3월	3月	싼위에

단어만 말해도 뜻은 통한다!

상업	商业	샹예
상인	商人	샹런
생년월일	出生日期	추셩르치
서명하다	签字	치엔즈
성	姓	싱
세관신고서	海关旅客行李申报单	하이꾸안 뤼커 싱리 션빠오딴
속도	速度	쑤두
송금하다	汇款	후이쿠안
손목시계	手表	쇼우비아오
수요일	星期三	싱치싼
수표	支票	쯔피아오
수화물	随身行李	수이션싱리
수화물 인환증	行李牌	싱리파이
술	酒	지우
스튜어디스	空中小姐	콩쭝 시아오지에
승무원	乘务员	청우위엔
시내전화	市内电话	스네이 띠엔후아
시내지도	市区地图	스취 띠투

출발·도착

225

모르는 말 찾기 (10월~오후)

10월	10月	스위에
식당	餐厅	찬팅
신고서	申报单	선빠오딴
신용카드	信用卡	신용카
심사관	审查员	선차위엔
12월	12月	스얼위에
11월	11月	스이위에
10전짜리 지폐	1毛票	이마오피아오
~씨(남성)	先生	시엔성
아가씨(미혼 여성)	小姐	시아오지에
아내	妻子	치즈
아들	儿子	얼즈
아버지	父亲	푸친
아이들	孩子	하이즈
아침	早上	자오샹
안전벨트	安全带	안취엔따이
안전벨트 착용	系好安全带	씨하오 안취엔따이
암시장	黑市	헤이스

단어만 말해도 뜻은 통한다!

약	药	야오
어머니	母亲	무친
어제	昨天	쭈오티엔
업무	工作	꽁주어
여객	旅客	뤼커
여객기	民航机	민항지
여권	护照	후자오
여권번호	护照号码	후자오하오마
여동생	妹妹	메이메이
여름	夏天	시아티엔
여행용 가방	手提箱	셔우티샹
여행자수표	旅行支票	뤼싱 쯔피아오
영사관	领事馆	링스구안
예금	存款	춘쿠안
오늘	今天	진티엔
5월	5月	우위에
오전	上午	샹우
오후	下午	시아우

출발도착

모르는 말 찾기 (외화~잡지)

외화	外币	와이삐
우유	牛奶	니우나이
운전사	司机	스지
월요일	星期一	싱치이
위생 검역	卫生检疫	웨이성 지엔이
위스키	威士忌	웨이스지
위장약	胃肠药	웨이창 야오
6월	6月	리우위에
은행	银行	인항
음료수	饮料	인랴오
의무실	医务室	이우스
이륙	起飞	치페이
이름	名字	밍즈
이름표	名牌	밍파이
이번 달	这个月	쩌거위에
이번 주	这个星期	쩌거싱치
이어폰	耳机	얼지
2월	2月	얼위에

단어만 말해도 뜻은 통한다!

이익	利益	리이
이자	利息	리시
인민폐	人民币	런민삐
일	天	티엔
일(날짜)	号	하오
1개월	一个月	이거위에
1원	一元(一块)	이위엔(이콰이)
일요일	星期日(天)	싱치르(싱치티엔)
1월	1月	이위에
입국	入境	루징
입국 관리	入境管理	루징 구안리
입국신고서	入境登记卡	루징 떵지카
입국심사	入境审查	루징선차
자리로 돌아가세요	请回到座位上	칭 후이따오 쭈오웨이 상
자매	姐妹	지에메이
작년	去年	취니엔
잔돈	零钱	링치엔
잡지	杂志	자쯔

모르는 말 찾기 (젊은이~택시 승강장)

젊은이	年轻人	니엔칭런
점심	白天	바이티엔
정기예금	定期存款	띵치 춘쿠안
정기항공편	班机	빤지
정오	中午	쭝우
제트기	喷气式飞机	펀치스 페이지
좌석	坐位	쭈오웨이
좌석번호	座位号	쭈오웨이하오
주소	地址	디쯔
주스	果汁	구오즈
지급하다	付款	푸쿠안
지난 달	上个月	상거위에
지난 주	上星期	샹싱치
지배인	经理	징리
지폐	钞票/钱票	차오피아오/치엔피아오
직업	职业	쯔예
직행열차	直达列车	즈다 리에처
짐	行李	싱리

단어만 말해도 뜻은 통한다!

짐 라벨	行李牌	싱리 파이
차표	车票	처피아오
착륙	降落/着陆	지앙루오 / 쭈오루
출국	出境	추징
출발시간	出发时间	추파스지엔
출생지	出生地	추성띠
친구	朋友	펑여우
친구에게 줄 선물	送朋友的礼物	쏭 펑여우 더 리핀
7월	7月	치위에
카메라	照像机	짜오샹지
카트	行李小推车	싱리 샤오투이처
캠코더	摄像机	셔시앙
커피	咖啡	카페이
콜라	可乐	크어러
탑승구	登机口	떵지커우
탑승권	登机牌	떵지파이
택시	出租汽车	추주치처
택시 승강장	出租车站	추주처짠

출발도착

모르는 말 찾기 (토요일~휴일)

토요일	星期六	싱치리우
통화신고	货币申报	후아삐션빠오
트렁크	(硬)皮箱	(잉)피시앙
팁	小费	샤오페이
8월	8月	빠위에
포터	行李搬运员	싱리 빤윈위엔
한국인 여행객	韩国旅客	한구어뤼커
항공권	机票	지피아오
항공로	航空线	항콩시엔
항공편 번호	飞机航班号	페이지항빤하오
향수	香水	샹수에이
현금	现款	시엔쿠안
형(오빠)	哥哥	꺼거
형제	兄弟	씨옹디
호텔	饭店	판디엔
홍차	红茶	홍츠아
홍콩 달러	港币	강삐
화물	行李	싱리

단어만 말해도 뜻은 통한다!

화요일	星期二	싱치얼
화장실	洗手间/厕所	시쇼우지엔 / 처수오
환전	兑换	뚜이후안
환전 계산서	外汇兑换水单	와이후이 뚜이후안 수이딴
환전소	兑换处	뚜이후안추
환전 증명서	外汇兑换证明书	와이후이 뚜이후안 쩡밍수
휴일	假日	지아르

출발도착

모르는 말 찾기

Wordbook 2
숙박

간단한 한마디

~ 있습니까?

有没有 [트윈룸 双人房间 쑤앙런팡지엔 / 에어컨 空调 콩티아오 / 욕실 洗澡间 시자오지엔] ?
여우 메이여우

~ 박 묵겠습니다.

住 [하루 一 이 / 이틀 两 량 / 사흘 三 싼] 天。
쭈   티엔

모르는 말 찾기 (가리마를 타다~딸기잼)

가리마를 타다	分头	펀 토우
개인 손님	散客	산커
객실 관리원	房务员	팡우위엔
객실료	房费	팡페이
계단	楼梯	로우티
계란	鸡蛋	지단
계란 프라이	煎鸡蛋	지엔지단
계산하다	结帐	지에짱
고급호텔	大饭店	따판띠엔
고기만두	肉包子	로우빠오즈
공항	机场	지창
관광버스	旅游班车	뤼여우 빤처
광천수	矿泉水	쾅취엔수이
국제전화	国际电话	구어지 띠엔후아
귀밑머리	鬓角儿	삔지아올
귀중품	贵重物品	꾸이쫑우핀
귀중품보관함	保险箱	바오시엔시앙
금액	金额	찐어

단어만 말해도 뜻은 통한다!

기차역	火车站	후오처짠
꽃빵	花卷	후아쥐엔
끓여 식힌 물	凉开水	량카이수에이
끓인 물	开水	카이수에이
나이	年纪	니엔지
난방	暖气	누안치
냉장고	冰箱	삥시앙
너무 비싸다!	太贵了!	타이 꾸이 러
녹차	绿茶	뤼차
다른 호텔	其他的饭店	치타 더 판띠엔
다인방	多人房	뚜어런팡
단체 여행객	团体旅客	투안티뤼커
담요	毛毯	마오탄
당번(당직)	值班	즈반
대금	收款	쇼우쿠안
드라이클리닝	干洗	깐시
들어 오세요!	请进!	칭 찐
딸기잼	草莓酱	차오메이지앙

모르는 말 찾기 (뜨거운 물~뷔페)

뜨거운 물	热水	러수이
레스토랑	餐厅	찬팅
로비	大厅	따팅
룸서비스	送餐服务	쏭찬 푸우
린스	护发素	후파수
마루	地板	띠반
마사지 서비스	按摩服务	안모 푸우
만원	客满	커만
맡긴 짐	寄存的行李	찌춘 더 씽리
머리를 말리다	吹风	추이펑
면도	刮脸	꾸아리엔
면도칼	刮脸刀	과리엔따오
모기장	蚊帐	원짱
목욕수건	浴巾	위진
문	门	먼
물	水	수이
미용실	美容厅	메이롱팅
바닥 타월	地巾	띠진

단어만 말해도 뜻은 통한다!

바지	裤子	쿠즈
밥	米饭	미판
방	房间/屋子	팡지엔 / 우즈
방 번호	房号	팡하오
버스	公共汽车	꽁꽁치처
버스 승강장	公共汽车站	꽁꽁치처짠
버터	黄油/牛油	황여우 / 니우여우
베개	枕头	쩐토우
베개 커버	枕套	쩐타오
벨	铃	링
변기	便器	삐엔치
보관	保管	바오꾸안
보온병	暖水瓶	누안수이핑
보통우편	平信	핑씬
복도	走廊	조우랑
복사기	复印机	푸인지
봉사료	服务费	푸우페이
뷔페	自助餐	쯔주찬

모르는 말 찾기 (블라우스~스크럼블드에그)

블라우스	女衬衫	뉘천샨
비싸지 않은 호텔	不太贵的饭店	부타이 꾸이 더 판띠엔
비수기 혜택	淡季优惠	딴지 여우후이
빠른 서비스	加快服务	지아콰이 푸우
삶은 계란	煮鸡蛋	쭈지단
샤워	淋浴	린위
샤워기	淋浴器	린위치
샤워장	淋浴间	린위 지엔
샤워캡	浴帽	위마오
샴푸	洗发精	시파징
서명하다	签字	치엔즈
서양요리	西餐	시찬
선풍기	电扇	띠엔샨
성냥	火柴	후오차이
성명	姓名	씽밍
성수기	旺季	왕지
세금	税款	수이쿠안
세면기	脸盆	리엔펀

단어만 말해도 뜻은 통한다!

세숫비누	香皂	시앙자오
세정하다	洗涤	시디
세탁	洗衣服	시이푸
세탁 리스트	洗衣单	시이딴
세탁비	洗衣费	시이페이
셔츠	衬衣/衬衫	천이/천샨
소파	沙发	샤파
소형 금고	保险箱	바오시엔시앙
속옷	内衣	네이이
수도꼭지	水龙头	수이롱토우
수리공	维修人员	웨이시우 런위엔
수리하다	修理	시우리
숙박료	房租	팡주
숙박시설	宾馆/饭店	삔구안/판띠엔
숙박 카드	住宿卡	쭈쑤카
스웨터	毛衣	마오이
스커트	裙子	췬즈
스크럼블드에그	炒鸡蛋	차오지단

모르는 말 찾기 (슬리퍼~욕실)

슬리퍼	拖鞋	투어시에
시간	时间	스지엔
시트	床单	추앙딴
식당	餐厅	찬팅
식대	餐费	찬페이
신문	报	빠오
신분증	身份证	션펀쩡
신용카드	信用卡	씬용카
싼 호텔	便宜的饭店	피엔이 더 판띠엔
아침식사	早餐	자오찬
아파트	公寓	꽁위
안내소	询问处	쉰원추
양복	西服	시푸
얼음	冰块儿	삥쿠알
에스컬레이터	电动扶梯	띠엔똥푸티
에어컨	空调	콩티아오
엘리베이터	电梯	띠엔티
여관	旅馆	뤼구안

단어만 말해도 뜻은 통한다!

여행자수표	旅行支票	뤼싱 쯔피아오
열쇠	钥匙	야오스
영빈관(여관)	宾馆	삔구안
옆방	隔壁的房间	거삐 더 팡지엔
예약	预约	위위에
예약확인서	预约证明书	위위에 쩡밍수
오렌지주스	橙汁	청쯔
온수	热水	러수이
옷걸이	衣架	이지아
옷장	衣柜	이꾸이
와이셔츠	衬衫	천샨
외국인	外国人	구어런
외투	大衣	따이
외화 환전	外币兑换	와이삐 뚜이후안
요	褥子	루즈
요구르트	酸牛奶	수안니우나이
요(이불)	铺盖	푸까이
욕실	浴室	위스

모르는 말 찾기 (욕조~지배인)

한국어	중국어	발음
욕조	澡盆	자오펀
우유	牛奶	니우나이
울	羊毛	양마오
원피스	连衣裙	리엔이췬
유리컵	玻璃杯	뽀리뻬이
유학생	留学生	리우쉬에셩
의자	椅子	이즈
이발하다	剪头	지엔터우
이발소	理发店	리파디엔
이불	被子	뻬이즈
2인실(트윈룸)	双人房	쑤앙런 팡
2층	二楼	얼로우
1인실(싱글룸)	单人房	딴런 팡
자전거	自行车	쯔싱처
잠깐만 기다리세요!	请等一下!	칭 덩 이샤
장거리 전화	长途电话	창투띠엔후아
장아찌	酱菜	지앙차이
재떨이	烟灰缸	얜후이깡

단어만 말해도 뜻은 통한다!

전기스탠드	台灯	타이떵
전화기	电话	띠엔후아
절인 오리알	鸭蛋	시엔야딴
접대실	接待处	지에따이추
접대하다	接待	지에따이
정문	前门	치엔먼
정식	套餐	타오찬
조금 길다	长一点	창 이디엔
조금 짧다	短一点	두안 이디엔
조끼	背心	뻬이신
조용한 방	安静的房间	안징 더 팡지엔
좀 도와주세요!	请帮一下忙!	칭 빵 이사망
종업원	服务员	푸우위엔
주소	地址	띠쯔
죽	稀饭/粥	시판 / 쪼우
중국식 과자	油条	여우티아오
중국요리	中餐	쭝찬
지배인	经理	징리

모르는 말 찾기 (지상~팩스)

지상	楼上	로우샹
지하	楼下	로우시아
짐	行李	싱리
짐 관리원	行李员	싱리위엔
찐빵	馒头	만터우
찻잎	茶叶	차예
책상	书卓	수쭈어
청바지	牛仔裤	니우자이쿠
청소하다	打扫	다싸오
체크아웃	结账退房	지에짱 투이팡
체크인	办理入住手续	빤리 루쭈 쇼우쉬
초대소	招待所	짜오다이수어
출납처	收款处	쇼우쿠안추
치마	裙子	췬즈
침대	床	추앙
침대 시트	床单	추앙딴
카펫	地毯	띠탄
캐시미어	羊绒	양롱

단어만 말해도 뜻은 통한다!

커트하다(이발)	剪头	지엔터우
커튼	窗帘	추앙리엔
컵	杯子	뻬이즈
코코아	可可	커커
콘플레이크	玉米片	위미피엔
콩국	豆浆	떠우지앙
타월	毛巾	마오진
탁자	卓子	쭈어즈
택시	出租汽车	추주치처
택시 승강장	出租车站	추주처짠
테라스	平台	핑타이
테이블	卓子	쭈어즈
텔레비전	电视机	띠엔스지
토마토주스	蕃茄汁	판치에쯔
토스트	烤面包	카오미엔빠오
통역	翻译	판이
파마	烫发	탕파
팩스	传真机	추안쩐지

모르는 말 찾기 (편지봉투~휴지통)

편지봉투	信封	씬펑
편지지	信纸	씬즈
표	票	피아오
프런트	总服务台	종푸우타이
한국어	韩语	한위
할인	折扣	저커우
합계	总金额	종찐어
항공우편	航空信	항콩씬
햄	火腿	후오투이
헤어 드라이기	吹风机	추이펑지
헤어 스프레이	喷发胶	펀파지아오
헤어 오일	发油	파여우
~호실	~号房间	~하오 팡지엔
호텔	饭店	판띠엔
홍차	红茶	홍츠아
화장대	镜台	찡타이
화장실	卫生间/厕所	웨이성지엔/처수오
훈제 베이컨	烟肉	앤로우

단어만 말해도 뜻은 통한다!

휴대용 반짇고리	针线包	쩐시엔빠오
휴대품 보관소	行李寄存处	싱리지춘추
휴지	手纸	쇼우쯔
휴지통	拉圾箱	라지시앙

모르는 말 찾기

Wordbook 3
식사

간단한 한마디

~을 먹고 싶습니다.

我想吃
워 샹 츠

쇠고기	牛肉	니우로우
볶음밥	炒饭	차오판
탕수육	古老肉	구라오로우

~이 필요합니다.

我要
워 야오

젓가락	筷子	콰이즈
접시	碟子	디에즈
간장	酱油	지앙여우

요리 용어

중국요리의 이름은 요리의 모양이나 지명 등에 따라 붙이기도 하지만 대부분 어떤 조리 방법으로 요리를 했는지, 사용한 재료가 어떤 것이냐에 따라 붙이는 것이 일반적이다. 따라서 요리이름만 봐도 사용된 재료, 조리 방법, 맛 등을 대충 알 수 있다.

요리 재료의 모양에 따른 용어

全	취엔	재료를 통째로 요리한 것.
丸子	완쯔	완자 모양으로 둥글게 만든 것.
酿	니앙	재료의 속을 비우고 그 안에 다른 재료를 섞어 넣은 것.
卷	쥐엔	재료를 두루마리 처럼 말아서 만든 것.
包	빠오	얇은 껍질로 소를 싼 것.
排骨	파이구	뼈가 있는 재료로 만든 것.
平饼	핑빙	둥글고 얇게 지져낸 것.
元宵	위엔시아오	쌀가루나 녹말로 둥글게 빚어 만든 것.

단어만 말해도 뜻은 통한다!

조리법에 따른 용어

炸菜	짜차이	다량의 기름으로 튀겨낸 요리
汤菜	탕차이	우리나라의 찌게처럼 국물이 적고 건더기가 많은 요리
川菜	추안차이	수프의 한 종류로 찌게처럼 국물이 적고 건더기가 많은 요리
炒菜	차오차이	중간 불로 기름에 볶은 요리
拌菜	빤차이	무침 요리
溜菜	리우차이	오향을 넣은 소금물이나 간장으로 볶은 요리
蒸菜	쩡차이	찐 요리
煨菜	웨이차이	끓인 요리
烤菜	카오차이	직접 불에 구운 요리
淹菜	옌차이	절인 요리
烧菜	샤오차이	기름에 볶은 후 삶은 요리
煎菜	지엔차이	약간의 기름을 두르고 지져낸 요리

모르는 말 찾기 (가정집두부~국수볶음)

한국어	中文	발음
가정집 두부	家常豆腐	지아창떠우푸
가지	茄子	치에즈
가지무침	凉拌茄子	리앙빤 치에즈
각자 계산	分别付款	펀비에푸쿠안
간단한 식사	快餐	콰이찬
간이식당	小吃店	시아오츠디엔
간장	酱油	지앙여우
갈비	排骨	파이구
갈치	刀鱼	따오위
감	柿子	스즈
감자	土豆	투떠우
감자튀김	炸薯条	쟈수티아오
거스름돈	找钱	쟈오치엔
건배!	干杯!	깐뻬이
건포도주	干葡萄酒	깐푸타오지우
게	蟹	시에
게살 볶음밥	蟹粉炒饭	시에펀차오판
계란	鸡蛋	지단

254

단어만 말해도 뜻은 통한다!

계란탕	木犀汤	무시탕
계산서	帐单	짱딴
계산하다	算帐	쑤안짱
계피	桂皮	꾸이피
고기	肉	로우
고량주	白干酒	바이깐지우
고추	辣椒	라지아오
고추기름	辣油	라여우
과일	水果	수이구어
과일주스	果子露	구오즈루
광동식 불고기	叉烧肉	차샤오로우
광천수	矿泉水	쾅취엔수이
교자	饺子	지아오즈
교환하다	掉换	디아오후안
국	汤	탕
국산 맥주	国产的啤酒	구어찬 더 피지우
국수	面条	미엔티아오
국수볶음	炒米粉	차오미펀

255

모르는 말 찾기 (군만두~땅콩)

군만두	锅贴	꾸오티에
굴기름	蚝油	하오여우
굴기름쇠고기	蚝油牛肉	하오여우니우로우
굽는 정도	烧烤程度	샤오카오청뚜
귤	桔子	쥐즈
기름지다	油腻	여우니
김치	泡菜	파오차이
껌	口香糖	코우샹탕
꽃빵	花卷	후아쥐엔
나이프	小刀/餐刀	샤오따오/찬다오
냅킨	餐巾	찬진
노른자(계란의)	蛋黄	딴후앙
다이어트	节食/减肥	지에스 / 지엔페이
달다	甜	티엔
닭	鸡	지
닭고기	鸡肉	지로우
닭고기고추볶음	辣子鸡丁	라즈지띵
닭고기된장볶음	酱爆鸡丁	쟝빠오지띵

단어만 말해도 뜻은 통한다!

닭고기면볶음	鸡丝炒面	지쓰챠오미엔
닭날개콩찜	鸡翅黄豆	지츠후앙떠우
담백한 요리	清淡的菜	칭딴 더 차이
당근	胡萝卜	후루어뽀
당면	粉丝	펀쓰
당분	糖分	탕펀
대파	葱	총
대하	对虾	뚜이시아
덜 삶은	煮得嫩的	쭈더넌더
데우다	烫	탕
도수(술의)	酒精度	지우징뚜
동파육	东坡肉	똥포로우
돼지고기	猪肉	쭈로우
된장	酱	지앙
두부튀김	炸豆腐	쟈떠우푸
등심	里脊	리지
딸기	草莓	차오메이
땅콩	花生米	화성미

모르는 말 찾기 (뚝배기두부~밥)

뚝배기두부	砂锅豆腐	샤구어떠우푸
뜨거운 우유	热奶	러나이
레몬	柠檬	닝멍
레몬홍차	柠檬红茶	닝멍홍츠아
롯데리아	乐天利	러티엔리
마늘	蒜	쑤안
마늘장 수육	蒜泥白肉	쑤안니바이러우
마늘쫑	蒜苗	쑤안미아오
마멀레이드	果冻	꾸어똥
마시다	喝	흐어
마오타이주	茅台酒	마오타이지우
마파두부	麻婆豆腐	마포떠우푸
만두	包子	빠오즈
많다	多	뚜어
말린 새우	虾仁	시아런
말린조개 야채볶음	干贝烧菜心	깐뻬이샤오차이씬
맛없다	难吃	난츠
맛있다	好吃	하오츠

단어만 말해도 뜻은 통한다!

식사

망고	芒果	망구어
맥도날드	麦当劳	마이땅라오
맥주	啤酒	피지우
맵다	辣	라
먹다	吃	츠
메뉴	菜单	차이딴
메추라기	鹌鹑	안춘
목이버섯	木耳	무얼
무	萝卜	루어뽀
문어	章鱼	짱위
물	水	수이
물만두	水饺	수이지아오
바나나	香蕉	샹지아오
바로 됩니까?	马上就能上吗?	마상 찌우 넝 상 마
반숙한	半熟	빤수
반쯤 익힌	煮得嫩的	쭈더넌더
밤닭고기찜	红烧栗子鸡	홍사오리즈지
밥	米饭/饭	미판/판

모르는 말 찾기 (밥공기~생야채)

밥공기	饭碗	판완
배	梨子	리즈
배추	白菜	바이차이
배추버터볶음	奶油白菜	나이여우바이차이
백설탕	白糖	바이탕
백포도주	白葡萄酒	바이푸타오지우
버섯	蘑菇	모구
복숭아	桃子	타오즈
봉사료	服务费	푸우페이
부추	韭菜	지우차이
붕어	鲫鱼	지위
브랜디	白兰地	바이란띠
비둘기	鸽子	꺼즈
빵	面包	미엔빠오
사과	苹果	핑구어
사이다	汽水	치수이
사천요리	川菜	추안차이
사천요리점	川菜馆	추안차이구안

단어만 말해도 뜻은 통한다!

산라탕	酸辣汤	쑤안라탕
산초	花椒	화쟈오
살구	杏实	싱스
삼선탕	三鲜汤	싼시엔탕
상어지느러미	鱼翅	위츠
상어지느러미수프	清汤鱼翅	칭탕위츠
상어지느러미탕	鱼翅汤	위츠탕
새끼돼지바비큐	片皮乳猪	피엔피루주
새우기름	虾油	시아여우
새우알해삼국	虾子扒海参	시아즈파하이션
샌드위치	三明治	싼밍쯔
샐러드	沙拉	샤라
생맥주	鲜啤酒	시엔피지우
생선	鱼	위
생선조림	干烧鱼	깐샤오위
생선죽	鱼生粥	위셩쪼우
생선찜	清蒸鱼	칭쩡위
생야채	生菜	셩차이

모르는 말 찾기 (샴페인~아이스크림)

샴페인	香宾酒	샹빈지우
서명하다	签名	치엔밍
서양요리	西餐	시찬
서양요리점	西餐厅	시찬팅
설탕	糖	탕
세트메뉴	套餐	타오찬
소금	盐	옌
소병	烧饼	샤오삥
소시지	香肠	샹창
소흥주	绍兴酒	샤오싱지우
쇠고기	牛肉	니우로우
쇠고기피망볶음	青椒炒牛肉丝	칭지아오차오니우로우쓰
수건	手巾	쇼우진
수박	西瓜	시구아
수육볶음	回锅肉	후이구어로우
수프	羹汤	껑탕
수프쟁반	汤盘	탕판
숟가락	羹匙	껑츠

단어만 말해도 뜻은 통한다!

술	酒	지우
술 안주	下酒菜	시아지우차이
술잔	酒杯	지우뻬이
스푼(국스푼)	匙子/汤匙	츠즈 / 탕츠
시금치	菠菜	뽀차이
시다	酸	수안
시작하다	开始	카이스
식당	食堂/餐厅	스탕/찬팅
식사	饭	판
식초	醋	추
신용카드	信用卡	씬용카
십진볶음밥	什锦炒饭	스진챠오판
십진신선로	什锦火锅	스진후오구어
십진탕면	什锦汤面	스진탕미엔
싱겁다	淡	딴
쓰다	苦	쿠
아이스커피	冰镇咖啡	뻥쩐카페이
아이스크림	冰激凌	뻥지링

모르는 말 찾기 (아침식사~우유홍차)

아침식사	早餐	자오찬
야채	青菜	칭차이
야채샐러드	青菜沙拉	칭차이샤라
야채 수프	菜汤	차이탕
야채 요리	素菜	쑤차이
양고기	羊肉	양로우
양고기 샤브샤브	涮羊肉	슈안양로우
양념 생선찜	红烧鱼	홍샤오위
양념 전복조림	红煨鲍鱼	홍웨이빠오위
양배추	圆白菜	위엔바이차이
양파	洋葱	양총
얼음	冰	삥
여행자수표	旅行支票	뤼싱쯔피아오
연근	藕	어우
염분	盐分	앤펀
영수증	收据/发票	쇼우쥐 / 파피아오
영업중인 식당	营业的餐厅	잉예 더 찬팅
예약	预约	위위에

단어만 말해도 뜻은 통한다!

오래 묵은 술	老酒	라오지우
오렌지주스	橙汁	청쯔
오리	鸭子	야즈
오리구이	烤鸭子	카오야즈
오리알	鸭蛋	야딴
오색냉채	五色拼盘	우써핀판
오이	黄瓜	후앙구아
오징어	鱿鱼	여우위
옥수수탕	玉米汤	위미탕
옷 보관소	衣帽寄存处	이마오지춘추
와인잔	葡萄酒杯	푸타오지우뻬이
완두콩	莞豆	완떠우
요리	菜	차이
요리집	饭馆	판구안
요쿠르트	酸奶	쑤안나이
우동(국수)	面条	미엔티아오
우유	牛奶	니우나이
우유홍차	牛奶红茶	니우나이홍츠아

모르는 말 찾기 (운어찜~주문하다)

운어찜	清炖云鱼	칭뚠윈위
위스키	威士忌	웨이스지
유리잔	玻璃杯	뽀리뻬이
유조(튀긴 길쭉한 음식)	油条	여우티아오
음료	饮料	인리아오
음식점	食堂/餐厅	스탕/찬팅
의자	椅子	이즈
이쑤시개	牙签	야치엔
인민폐	人民币	런민삐
일본요리점	日本餐厅	르번찬팅
잉어	鲤鱼	리위
자두	李子	리즈
자라	水鱼	수이위
자리	位子	웨이즈
자양강장 식품	药膳/健膳	야오샨 / 지엔샨
자장면	炸酱面	짜지앙미엔
작은 고기만두	小笼包子	샤오롱빠오즈
작은 접시	小盘儿	시아오팔

단어만 말해도 뜻은 통한다!

잔돈	零钱	링치엔
잘 익힌	全熟	취엔수
장아찌콩볶음	咸菜炒毛豆	시엔차이차오마오떠우
재떨이	烟灰缸	앤후이깡
쟁반	盘子	판즈
저녁	晚餐	완찬
적포도주	红葡萄酒	홍푸타오지우
전복	鲍鱼	빠오위
점심	午餐	우찬
접시	碟子/小碟	디에즈 / 시아오디에
젓가락	筷子	콰이즈
정식	份儿饭	펄판
제비집	燕窝	앤워
조기	黄鱼	후앙위
조미료	调料	티아오리아오
종업원	服务员	푸우위엔
주문 받으세요!	点菜!	디엔차이
주문하다	点菜/叫菜	디엔차이 / 지아오차이

모르는 말 찾기 (주스~토마토주스)

주스	果汁	구어쯔
죽	粥	쪼우
죽순	笋	순
죽순조림	干烧冬笋	깐샤오똥순
중국명주	中国名酒	쭝구어 밍지우
중국요리	中国菜/中餐	쭝구어차이 / 쭝찬
중국요리점	中餐厅	쭝찬팅
지방	脂肪	쯔팡
짜다	咸	시엔
찐빵(콩소를 넣은)	豆沙包子	떠우샤빠오즈
차	茶	츠아
차다	凉	리앙
차맛 오향계란	茶叶蛋	차예딴
참기름	香油	샹여우
참새우	明虾/对虾	밍시아 / 뚜이시아
참새우조림	干烧明虾	깐샤오밍시아
참외	甜瓜	티엔구아
찻잔	茶杯	차뻬이

단어만 말해도 뜻은 통한다!

찻주전자	茶壺	차후
총액	总金额	종진어
카레라이스	加喱饭	지아리판
커피	咖啡	카페이
컵(유리컵)	杯子/玻璃杯	뻬이즈 / 뽀리뻬이
KFC	肯德基	컨더지
콜라	可口可乐	커코우커러
콩나물	豆芽	떠우야
콩나물볶음	炒豆芽菜	챠오떠우야차이
콩팥	腰子	야오즈
탁자	卓子	쭈어즈
탕추계란	糖醋皮蛋	탕추피딴
탕추구로육	糖醋咕噜肉	탕추구루로우
탕추생선	糖醋鱼	탕추위
테이블보	卓布	쭈오뿌
테이블요금	包卓费	빠오쭈오페이
토마토	西红柿	시홍스
토마토주스	番茄汁	판지에쯔

모르는 말 찾기 (토마토캐첩~핫도그)

한국어	중국어	발음
토마토캐첩	番茄酱	판치에지앙
토스트	烤面包	카오미엔빠오
튀긴 닭고기	脆皮鸡	추이피지
특미 닭고기	怪味鸡块	꽈이웨이지콰이
파인애플	菠萝	뽀루오
파전	葱油饼	총여우삥
팔보오리	八宝鸭	빠바오야
패스트푸드	快餐	콰이찬
포도	葡萄	푸타오
포도주	葡萄酒	푸타오지우
포크	叉子/餐叉	차즈 / 찬차
표고버섯	香菇	샹구
푸딩	布丁	뿌띵
피망	青椒	칭지아오
한국어로 된 메뉴	韩文的菜单	한원 더 차이딴
한국요리	韩国菜	한구어차이
한잔 더 주세요!	再来一杯!	짜이 라이 이뻬이
핫도그	热狗	러고우

단어만 말해도 뜻은 통한다!

해물요리	海鲜/海味	하이시엔/하이웨이
해삼	海参	하이션
해파리	海蜇	하이져
해파리무침	凉拌海蜇	리앙빤하이져
햄	火腿	후오투이
햄버거	汉堡包	한바오빠오
행인두부	杏仁豆腐	싱런떠우푸
행인떡	杏仁糕	싱런까오
홍차	红茶	홍츠아
화학조미료	味精	웨이징
후식	甜食	티엔스
후추	胡椒	후지아오
흰자(계란의)	蛋白	딴바이

모르는 말 찾기

Wordbook
4
전화·우편

간단한 한마디

여보세요, ~입니까?

喂, 是 [베이징 호텔 北京饭店 베이징판디엔 / 이선생님댁 李先生家 리 시앤셩 지아 / 교환 总机 쫑지] **吗?**
웨이　　스　　　　　　　　　　　　　　　　　　　　　　　　　　　　마

죄송하지만 그는 ~.

真不巧, 他 [출장갔다 出差了 추 차이러 / 외출했다 外出了 와이추러 / 방금 나갔다 刚出去 깡추취] **。**
쩐 뿌치아오　타

모르는 말 찾기 (가위~속달)

가위	剪子	지엔즈
가정용 전화	私人电话	쓰런 띠엔후아
공중전화	公用电话	꽁용띠엔후아
교환	总机	종지
국가 번호	国码	구어하오
국제전화	国际电话	구어지띠엔후아
국제특송우편물	国际特快专递邮件	구어지 터콰이 쭈안띠 여우지엔
그림엽서	明信片	밍신피엔
기념우표	纪念邮票	지니엔 여우피아오
끈	绳子	성즈
내선	内线/分机	네이시엔 / 펀지
내용물	里面的物品	리미엔 더 우핀
다시 걸다	再打	짜이다
다이얼을 돌리다	拔	뽀
답장	回信	후이신
대표전화	总机	종지
동봉하다	封在一起	펑 짜이 이치
되돌아오다	退回	투이후이

단어만 말해도 뜻은 통한다!

등기	挂号	꾸아하오
로마자	罗马字	루어마쯔
메시지를 남기다	留言	리우앤
번호지정 통화	叫号电话	지아오하오 띠엔후아
보내는 사람	发件人	파지엔런
보통	普通	푸통
보통우편	平邮/平信	핑여우 / 핑신
본문	正文	쩡원
본인 부담	自己付款	쯔지 푸쿠안
불통	打不通	다부통
비용이 들다	需要钱	쉬야오치엔
비즈니스 센터	商务中心	샹우쫑신
상대방 주소	对方的地址	뚜이팡 더 띠즈
선편	船件	추안지엔
소액우편환	小额邮汇	시아오어 여우후이
소인	邮戳	여우추오
소포	包裹	빠오구오
속달	快递/快信	콰이띠 / 콰이씬

전화·우편

모르는 말 찾기 (송금하다~전화번호안내)

송금하다	汇款	후이쿠안
송달	送达	쏭다
수신인	收信人	쇼우신런
수취인	收件人	쇼우지엔런
수화기	听筒	팅퉁
시내전화	市内电话	스네이 띠엔후아
여보세요!	喂!	웨이
엽서	明信片	밍신피엔
외선	外线	와이시엔
우체국	邮局	여우쥐
우체통	信箱	신시앙
우편물	邮件	여우지엔
우편번호	邮政编吗	여우쩡삐엔마
우편 요금	邮费	여우페이
우편을 보내다	奇信	지씬
우편 전신국	邮电局	여우띠엔쥐
우표	邮票	여우피아오
우표를 붙이다	贴邮票	티에 여우피아오

단어만 말해도 뜻은 통한다!

우표수집	集邮	지여우
우표수집책	邮集	여우지
인쇄물	印刷品	인슈아핀
잘못 걸다	打错	따추어
잡지	杂志	자쯔
장거리전화	长途电话	창투 띠엔후아
전달(전언)하다	转告	쭈안까오
전보	电报	띠엔빠오
전보 발신지	电报纸	띠엔빠오즈
전신 부호	电码	띠엔마
전화	电话	띠엔후아
(전화를) 걸다	打(电话)	다(띠엔후아)
전화 교환원	话务员	후아우위엔
전화를 받다	接电话	지에 띠엔후아
전화를 연결하다	转	쭈안
전화번호	电话号码	띠엔후아하오마
전화번호부	电话簿	띠엔후아뿌
전화번호 안내	查号台	차하오타이

전화·우표

모르는 말 찾기 (전화부스~혼선)

전화부스	电话亭	띠엔후아팅
전화 요금	电话费	띠엔후아페이
전화 카드	电话卡	띠엔후아카
점착 테이프	胶布/胶带	지아오뿌 / 지아오따이
정기간행물	期刊	치칸
조전	唁电	앤띠엔
주소	地址	띠쯔
지급의	加急	지아지
지명 통화	叫人电话	지아오런 띠엔후아
직통 국제전화	直拨国际电话	즈브어 구어지띠엔후아
직통전화	直拨电话	즈뽀 띠엔후아
찾다	找	자오
책	书籍	슈지
축전	贺电	허띠엔
취소하다	取消	취시아오
콜렉트 콜	对方付款	뚜이팡 푸쿠안
통화비	电话费	띠엔후아페이
통화중	占线	짠시엔

단어만 말해도 뜻은 통한다!

팩스	传真	추안쩐
편지(우편물)	信/信件	신 / 신지엔
편지를 받다	收信	쇼우 신
편지를 쓰다	写信	시에 신
편지봉투	信封	신펑
편지지	信纸	신쯔
포장지	包装纸	빠오주앙쯔
포장하다	包装	빠오주앙
풀	糨糊/胶水	지앙후 / 지아오수이
항공우편	航空信	항콩씬
혼선	串线	추안시엔

전화·우편

모르는 말 찾기

**Wordbook
5**

교 통

간단한 한마디

~행 표는 어디서 살 수 있습니까?

去 的票在哪里买?
취 더 피아오 짜이 나리 마이

- 北京 베이징 (베이징)
- 上海 상하이 (상하이)
- 青岛 창다오 (칭다오)

388열차 상하이까지 1등침대석 2장 주세요.

388(次) 到 上海 软卧 2张。
싼빠빠(츠) 따오 상하이 루안워 량장

| 열차번호 | 목적지 | 좌석 | 매수 |

모르는 말 찾기 (가방~노인)

가방	皮包	피빠오
갑판	甲板	지아반
개찰구	检票口	지엔피아오코우
객선	客船	커추안
객실	客舱	커창
거스름돈	找钱	쟈오치엔
경보기	警报器	징빠오치
고도	高度	까오두
공기펌프	气筒	치통
공차비	空车费	콩처페이
공항	机场	지창
공항버스	旅客班车	뤼커빤처
교통체증	堵车	두처
구명보트	救生艇	찌우성팅
구명부표	救生圈	찌우성취엔
구명조끼	救生衣	찌우성이
9월	9月	지우위에
국내선	国内航班	구어네이항빤

단어만 말해도 뜻은 통한다!

국제선	国际航班	구어지항빤
그저께	前天	치엔티엔
금년	今年	진니엔
금연	禁止吸烟	진쯔 시앤
금요일	星期五	싱치우
급행열차	快车	콰이처
급행표	快车票	콰이처피아오
기관장	轮机长	룬지장
기선	轮船	룬추안
기종	机型	지싱
기차역	火车站	후오처짠
날짜	日期	르치
내년	明年	밍니엔
내릴 곳을 놓치다	坐过站	쭈오구어짠
내일	明天	밍티엔
내일 아침	明天上午	밍티엔 샹우
노선도	交通路线示意图	지아오통 루시엔 스이투
노인	老人	라오런

모르는 말 찾기 (다음 달~봄)

다음 달	下个月	시아거위에
다음 주	下星期	시아싱치
대기시간	等候时间	덩허우스지엔
대사관	大使馆	따스구안
대합실	候车室	호우처스
도로	道路	따오루
동행자	同行	퉁싱
등받이	靠背	카오뻬이
만원	客满	커만
매년	每年	메이니엔
매월	每个月	메이거위에
매일	每天	메이티엔
매점	小卖部	시아오마이뿌
매표소	售票处	쇼우피아오추
매표원	售票员	쇼우피아오위엔
모레	后天	허우티엔
목요일	星期四	싱치쓰
목적지	目的地	무띠띠

단어만 말해도 뜻은 통한다!

물보라	浪花	랑후아
미터기	计程器	찌청치
민항	民航	민항
바람을 넣다(자전거)	打气	다치
밤	晚上	완샹
배	船	추안
배가 떠나다	起锚/拨锚	치마오 / 빠마오
배멀미	晕船	윈추안
배차원	调度员/调车员	띠아오뚜위엔/띠아오처위엔
버스	公共汽车	꽁공 치처
버스정류장	公共汽车站	꽁공 치처짠
~번 버스	~路车	루처
보관비	寄存费	지춘페이
보관소	寄存处	지춘추
보잉	波音	뽀인
보통석	硬席	잉시
보통 침대석	硬卧	잉워
봄	春天	춘티엔

모르는 말 찾기 (부두~아래칸)

부두	码头	마터우
브레이크	车闸	처쟈
비상구	安全出口	안취엔 추커우
비즈니스석(비행기)	公务舱	꽁우창
비행	飞行	페이싱
비행기	飞机	페이지
비행기표	飞机票	페이지피아오
비행장	机场	지창
사거리	十字路口	스즈루커우
4월	4月	쓰위에
3월	3月	싼위에
선실	船舱	추안창
선장	船长	추안장
성	姓	싱
속도	速度	쑤두
손잡이	车把	처바
수요일	星期三	싱치싼
수화물	手提行李	쇼우티싱리

단어만 말해도 뜻은 통한다!

수화물 영수증	行李票	싱리피아오
수화물 인환증	行李领取牌	싱리 링취파이
스튜어디스	空中小姐	콩쯍시아오지에
승객	旅客	뤼커
승무원	乘务员	청우위엔
승선권	船票	추안피아오
승선권 판매소	售船票处	쇼우추안피아오추
승선시간	上船时间	샹추안 스지엔
승차구	进站口	진짠커우
시내지도	市区地图	스취 띠투
10월	10月	스위에
식당	餐厅	찬팅
식당칸	餐车	찬처
신용카드	信用卡	씬용카
신호등	红绿灯	홍뤼떵
12월	12月	스얼위에
11월	11月	스이위에
아래칸	下铺	시아푸

287

모르는 말 찾기 (아이들~6월)

아이들	孩子	하이즈
아침	早上	자오샹
안내소	问讯处	우원쉰추
안내인	向导人	시앙다오런
안전벨트	安全带	안취엔따이
약도	简图	지엔투
어제	昨天	쭈오티엔
에어버스	空中客车	콩쭝커처
여객	旅客	뤼커
여객기	民航机	민항지
여권	护照	후자오
여름	夏天	시아티엔
여행용 가방	小旅行堤包	샤오 뤼싱 티빠오
여행자수표	旅行支票	뤼싱 즈피아오
역	火车站	후오처잔
역명	站名	짠밍
연착	误点/延误	우디엔 / 옌우
열차	列车	리에처

단어만 말해도 뜻은 통한다!

열차번호	车次	처츠
열차승무원	列车服务员	리에처푸우위엔
열차시각표	列车时刻表	리에처 스커비아오
영사관	领事馆	링스구안
영수증	发票	파피아오
예약	订座	띵쭈오
오늘	今天	진티엔
5월	5月	우위에
오전	上午	샹우
오후	下午	시아우
완행열차	慢车	만처
왕복표	来回票	라이후이피아오
요금	票价/车费	피아오지에 / 처페이
우회전	右转	여우쭈안
운반원	搬运工人	빤윈 꽁런
운전기사	司机	스지
월요일	星期一	싱치이
6월	6月	리우위에

모르는 말 찾기 (의무실~정차)

의무실	医务室	이우스
2등석(비행기)	经济舱	찡지창
2등선실	二等舱	얼덩창
이륙	起飞	치페이
이름	名字	밍즈
이름표	名牌	밍파이
이번 달	这个月	쩌거위에
이번 주	这个星期	쩌거싱치
이어폰	耳机	얼지
2월	2月	얼위에
일	天	티엔
일(날짜)	号	하오
1등석(비행기)	头等舱	터우덩창
1등석(열차)	软席	루안시
1등선실	头等舱	터우덩창
1등 침대칸(열차)	软卧	루안워
일반석(열차)	硬座	잉쭈오
일반침대칸(열차)	硬卧	잉워

단어만 말해도 뜻은 통한다!

일요일	星期日(天)	싱치르(싱치티엔)
1월	1月	이위에
입구	入口	루커우
입장권	站台票	짠타이피아오
자동차	汽车	치처
자리를 양보하다	让座	랑쭈오
자전거를 타다	骑车	치처
작년	去年	취니엔
잔돈	零钱	링치엔
저 내려요!	我下车!	워 시아 처
적재량	吨位	뚠웨이
전세차	包车	빠오처
전차	电车	띠엔처
정기항공편	班机	빤지
정류장	车站	처잔
정시 출발	准时起飞	준스치페이
정오	中午	쭝우
정차	停车	팅처

모르는 말 찾기 (제트기~타이어)

제트기	喷气式飞机	펀치스 페이지
종점	终点站	쫑디엔짠
좌석	坐位	쭈오웨이
좌석번호	坐位号	쭈오웨이하오
좌석예약 재확인	坐位再确认	쭈오웨이 짜이취에런
좌초하다	触礁	추지아오
좌회전	左转	주오쭈안
주차비	存车费	춘처페이
주차장	存车处	춘처추
주차장	停车场	팅처창
주행거리	行驶公里	씽스꽁리
중량초과	超重	차오쫑
지난 달	上个月	샹거위에
지난 주	上星期	샹싱치
지하철	地铁	띠티에
직진	往前走	왕치엔조우
직행열차	直快	즈콰이
짐	行李	싱리

단어만 말해도 뜻은 통한다!

차장	车长	처장
차체	车架	처지아
차표	车票	처피아오
착륙	降落/着陆	지앙루오/쭈오루
창가(창구)	窗口	추앙커우
첫차	头班车	터우빤처
출구	出口	추커우
출발시각	起飞时间	치페이스지엔
출항	起航	치항
취소	退票	투이피아오
취소 대기	等退票	덩투이피아오
친구	朋友	펑여우
7월	7月	치위에
침대차	卧车	워처
침대표	卧铺票	워푸피아오
카트	行李小推车	싱리 시아오투이처
카페리	渡轮	뚜룬
타이어	车胎	처타이

모르는 말 찾기 (탑승~휴대품보관소)

한국어	중국어	발음
탑승	登机	떵지
탑승 게이트	塔乘口	따청커우
탑승권	登机牌	떵지파이
탑승 대합실	候机室	호우지스
탑승수속	登机手续	떵지쇼우쉬
탑승 카운터	登机处	떵지추
택시	出租汽车	추주 치처
택시 승강장	出租汽车站	추주치처짠
토요일	星期六	싱치리우
튜브	内胎	네이타이
트렁크	皮箱	피시앙
트렁크(자동차)	车厢	처시앙
특급열차	特快	터콰이
특별석	包厢	빠오시앙
팁	小费	시아오페이
8월	8月	빠위에
펑크나다	放炮	팡파오
편도표	单程票	딴청피아오

단어만 말해도 뜻은 통한다!

포터	行李搬运员	싱리 빤윈위엔
표 반환창구	退票口	투이피아오커우
플렛폼	站台/月台	짠타이/위에타이
하차구	出站口	추짠커우
합승	同乘	통츠엉
항공권	飞机票	페이지피아오
항공로	航空线	항콩시엔
항공시각표	班期时刻表	빤치 스커비아오
항공편 번호	航班号	항빤하오
항구	港口	깡커우
항로 표지	航标	항비아오
~행	开往~	카이왕
화물	货物	후오우
화요일	星期二	싱치얼
화장실	洗手间/厕所	시쇼우지엔 / 처수오
휴대품보관소	小件寄存处	샤오지엔지춘추

모르는 말 찾기

Wordbook 6
관광

간단한 한마디

이 근처에 ~가 있습니까?

这一带有没有 [극장 剧场 쥐창 / 박물관 博物馆 보우구안 / 공원 公园 꽁위엔] ?
쩌 이따이 여우 메이여우

입장권 ~장 주세요.

买 [ ] 张。
마이　　　　장

모르는 말 찾기 (가라오케~극영화)

가라오케	卡拉OK	카라오케
가이드료	导游费	다오여우페이
가이드북	旅游指南	뤼여우쯔난
감독	导演	다오앤
강	河	허
개관시간	开馆时间	카이구안 스지엔
개봉	首次放映	쇼우츠팡잉
격투	武打	우다
견학하다	参观	찬꾸안
경극을 보다	看京剧	칸징쥐
경찰서	公安局	꽁안쥐
고성	古城	구청
고원	高原	까오위엔
고적	古迹	구지
곧장 가다	一直走	이즈조우
공동묘지	公墓	꽁무
공연	演出	앤추
공연하다	表演	비아오앤

단어만 말해도 뜻은 통한다!

공원	公园	꽁위엔
공중그네 곡예	空中飞人	콩쭝페이런
공중전화	公用电话	꽁용띠엔후아
공휴일	公众假期	꽁쭝지아치
관광	观光	꾸안구앙
관광객	旅客	뤼커
관광버스	观光(巴士)车	꾸안구앙(빠스)처
관광선	观光船	꾸안구앙추안
관광안내소	旅游问讯处	뤼여우원쉰추
관광안내원	导游	다오여우
관광안내지도	导游图	다오여우투
관광안내 팸플릿	游览图	여우란투
관광요금	旅游费	뤼여우페이
교외	郊外／郊区	지아오와이／지아오취
궁전	宫殿	꽁디엔
그림엽서	明信片	밍신피엔
극본	剧本	쥐번
극영화	故事片	꾸스피엔

모르는 말 찾기 (극장~박수치다)

극장	剧场	쥐창
기념관	纪念馆	지니엔구안
기념비	纪念碑	지니엔뻬이
기차역	火车站	후오처짠
길을 잃다	迷路	미루
나담 페어	那达慕	나다무
남자배역(중국전통극)	生	성
널뛰기 판	大跳板	따티아오반
노래곡조(중국전통극)	唱腔	창창
노래책	歌本	꺼번
다리	桥	치아오
단오	端午节	뚜안우지에
당일치기여행	一日游	이르여우
대사(중국전통극)	道白	따오바이
도서관	图书馆	투슈구안
도시	城市	청스
동물원	动物园	똥우위엔
동상	铜像	통시앙

단어만 말해도 뜻은 통한다!

동작(중국전통극)	做	쭤
디스코	迪斯科	디쓰커
마술	魔术	모슈
만	海湾	하이완
만화영화	动画片	동화피엔
맞은편	对面	뚜이미엔
명승	名胜	밍셩
명승고적	名胜古迹	밍셩구지
명절	节日	지에르
무술영화	武打片/武术片/功夫片	우다피엔/우슈피엔/꽁푸피엔
물끼얹기 축제	泼水节	포수이지에
미술관	美术馆	메이슈구안
미용실	美容院	메이롱위엔
바	酒吧	지우빠
바다	海	하이
박람회	博览会	보란후이
박물관	博物馆	보우구안
박수치다	鼓掌	구장

모르는 말 찾기 (반나절~24장짜리 필름)

반나절	半天的	빤티엔더
반대 방향	相反的方向	샹판 더 팡시앙
반도	半岛	빤다오
반일관광	半日游览	빤르여우란
발재주	蹬技	떵지
배역	配角	페이쥐에
백화점	百货店	바이후오띠엔
버스	公共汽车	꽁꽁치처
버스노선도	公共交通图	꽁꽁 찌아오통투
버스정류장	公共汽车站	꽁꽁치처짠
병원	医院	이위엔
분장	脸谱	리엔푸
불꽃	烟火	앤후오
빙등제	冰灯节	삥덩지에
사막	沙漠	사모
사우나	桑拿浴	쌍나위
사원	寺庙	쓰미아오
사자춤	狮子舞	<u>스즈우</u>

단어만 말해도 뜻은 통한다!

사진관	照相馆	짜오시앙구안
사진기	照相机	짜오시앙지
사진을 인화하다	加印	지아인
사진촬영 금지	请勿拍照	칭 우파이짜오
산	山	샨
삼각대	照相架子	짜오시앙지아즈
서커스단	杂技团	자지투안
서커스를 보다	看杂技	칸자지
설	春节	춘지에
섬	岛	다오
성	省	셩
성대모사	口技	커우지
셔터	快门	콰이먼
수속비	手续费	쇼우쉬페이
수족관	水族馆	수이주구안
숲	森林	썬린
슈퍼마켓	超级市场	챠오지스챵
24장짜리 필름	二十四张的胶卷	얼스쓰장 더 지아오쥐엔

모르는 말 찾기 (스토리~유적)

한국어	중국어	발음
스토리	情节/故事	칭지에 / 꾸스
시	市	스
시내지도	市区地图	스취띠투
시대극 영화	古装片	구쭈앙피엔
시청건물	市政府楼	스쩡푸로우
식물원	植物园	쯔우위엔
신호등	红绿灯	홍뤼떵
안내책자	介绍册子	지에샤오처즈
야간관광	夜间游览	예지엔여우란
야외촬영	外景摄影	와이징셔잉
어른	大人	따런
어린이	小孩	시아오하이
어릿광대(중국전통극)	丑角	초우쥐에
언덕	丘	치우
여자배역(중국전통극)	旦	딴
여행	旅游	뤼여우
여행단	旅行团	뤼싱투안
역사	历史	리스

단어만 말해도 뜻은 통한다!

연주회	演奏会	앤쪼우후이
영화관	电影院	띠엔잉위엔
영화팬	影迷	잉미
예고편	预告片	위까오피엔
예약	预约	위위에
오른쪽	右边	여우비엔
오른쪽으로 돌다	往右拐	왕여우과이
오전	上午	샹우
오후	下午	시아우
온천	温泉	원취엔
왼쪽	左边	주오비엔
왼쪽으로 돌다	往左拐	왕주오과이
용선절	龙船节	롱추안지에
우체국	邮局	여우쥐
원소절	元宵节	위엔시아오지에
유명한 명승지	有名的名胜古迹	여우밍 더 밍셩구지
유원지	游乐场	여우러창
유적	遗迹	이지

모르는 말 찾기 (음악당~탑)

한국어	중국어	발음
음악당	音乐堂	인위에탕
2층	二楼	얼로우
익살꾼 역(중국전통극)	丑	처우
일요일	星期天	싱치티엔
임시물품 보관소	小件物品寄存处	샤오지엔 우핀 지춘추
입구	入口	루커우
입장권	门票	먼피아오
입장료	门票费	먼피아오페이
재미있습니까?	有意思吗?	여우 이스 마
전람회	展览会	잔란후이
전일관광	全日游览	취엔르여우란
전지	电池	띠엔츠
전철역	地铁站	띠티에짠
전통음악	传统音乐	추안통인위에
절	寺庙	쓰미아오
정숙!	肃静!	쑤징
정원	庭园	팅위엔
제례	祭礼	지리

단어만 말해도 뜻은 통한다!

영화제작자(프로듀서)	制片人	쯔피엔런
좌석	坐位	쭈오웨이
주연	主角	쭈주에
줄타기	定绳索	저우셩쉬
중심지	中心地	쫑씬띠
진입금지	禁止进入	진쯔진루
청명절	清明节	칭밍지에
촬영기사	摄影师	셔잉스
축제일	节日	지에르
축하합니다!	恭喜恭喜!	꽁시꽁시
출구	出口	추커우
출생지	出生地	추셩띠
캠코더	手提摄像机	쇼우티셔시앙지
커피숍	咖啡厅	카페이팅
컬러필름	彩色胶卷	차이써 지아오쥐엔
케이블카	缆车	란처
클럽	俱乐部	쥐러뿌
탑	塔	타

모르는 말 찾기 (택시~흡연실)

택시	出租汽车	추주치처
팸플릿	小册子	시아오처즈
폐관시간	闭馆时间	삐구안 스지엔
폭죽	鞭炮	삐엔파오
폭포	瀑布	푸뿌
표	票	피아오
플래시	闪光灯	샨꾸앙떵
플래시 사용금지	禁用闪光灯	진용샨꾸앙떵
필름	胶卷	지아오쥐엔
학교	学校	슈에시아오
한국노래	韩国歌曲	한구어꺼취
해변	海滨	하이삔
해안	海岸	하이안
현	县	시엔
사진을 현상하다	洗相片	시시앙피엔
호수	湖	후
화산	火山	후오샨
화장실	厕所	처수오

단어만 말해도 뜻은 통한다!

활극을 보다	看活剧	칸후어쥐
횃불 명절	火把节	후오빠지에
휴게실	休息室	시우시스
흑백필름	黑白胶卷	헤이바이 지아오쥐엔
흡연실	吸烟室	시옌스

모르는 말 찾기

Wordbook 7
쇼 핑

간단한 한마디

~ 있습니까?

有 | 차이나드레스 旗袍 치파오 | 吗?
여우 | 양말 袜子 와즈 | 마
 | 벨트 皮带 피따이 |

~을 사고 싶습니다.

我想买 | 책 书 수 | 。
워 샹 마이 | 식기 餐具 찬쥐 |
 | 청량음료 冷饮 렁인 |

모르는 말 찾기 (가격~넓다)

가격	价钱	지아치엔
가구점	家具店	지아쥐띠엔
가로줄	横线	헝시엔
가루약	药面/药粉	야오미엔 / 야오펀
각연초	烟丝	옌쓰
거스름돈	找钱/找头	쟈오치엔 / 쟈오터우
거울	镜子	찡즈
격자무늬	格子	거즈
견직물	丝绸	쓰초우
경극분장	京剧脸谱	진쥐리엔푸
계산대(카운터)	柜台	꾸이타이
고급제품	高级商品	까오지상핀
고먹	古墨	구모
골동품	古玩/古董	구완 / 구동
골동품점	古玩店/骨董店	구완띠엔 / 구동띠엔
공단	软缎	루안뚜안
공책	笔记本	비지번
과일	水果	수이구어

단어만 말해도 뜻은 통한다!

과일가게	水果店	수이구어띠엔
과자	点心	디엔신
광천수	矿泉水	쾅취엔수이
구두	皮鞋	피시에
귀걸이	耳环	얼후안
그림엽서	明信片	밍신피엔
글씨본	字帖	쯔티에
글자연습	习字	시쯔
금	金	진
기념우표	纪念邮票	지니엔여우피아오
기성품의	现成的	시엔청더
길다	长	창
꽃집	花店	후아띠엔
꽉끼다	紧	진
나일론	尼龙	니롱
남색	蓝色	란써
냉장고	电冰箱	띠엔삥시앙
넓다	宽	쿠안

모르는 말 찾기 (넥타이~면)

넥타이	领带	링따이
녹색	绿色	뤼써
녹용	鹿茸	루롱
녹음기	录音机	루인지
녹음테이프	录音带/磁带	루인따이/츠따이
녹차	绿茶	뤼츠아
다이아몬드	钻石	쭈안스
담배	香烟	시앙옌
담배파이프	烟嘴	옌주이
담뱃대	烟袋	옌따이
담비모피	貂皮	디아오피
당삼채	唐三彩	탕싼차이
덤핑	大贱卖	따지엔마이
도기	陶器	타오치
도매가격	批发价	피파지아
도자기	瓷器	츠치
도장	印章	인짱
도장가게	刻字店	커쯔띠엔

단어만 말해도 뜻은 통한다!

도장재료	印材	인차이
돈지갑	钱包	치엔빠오
동전	硬币	잉삐
두껍다	厚	호우
라디오	收音机	쇼우인지
라이터	打火机	다후오지
로열제리	蜂乳精	펑루징
마	麻	마
마노	玛瑙	마나오
마오타이주	茅台酒	마오타이지우
마음에 들다	中意	쭝이
마작	麻将	마지앙
만년필	钢笔	깡비
맞춤제작의	定做的	띵쭈오더
매진되다	卖完了	마이완러
맥주	啤酒	피지우
먹	墨	모
면	棉	미엔

315

모르는 말 찾기 (면세~비누)

면세	免税	미엔수이
면포	棉布	미엔뿌
모직물	毛料/呢绒	마오리아오 / 니롱
모피	毛皮	마오피
목걸이	项链	시앙리엔
목조	木雕	무띠아오
목판화	木板画	무반후아
묘안석	猫眼石	마오앤스
무늬	花纹	후아원
무명벨벳	平绒	핑롱
문구점	文具店	원쥐띠엔
문진	镇纸	쩐쯔
물방울무늬	水珠花样	수이쭈후아양
물병	水瓶	수이핑
물약	药水	야오수이
바지	裤子	쿠즈
반지	戒指	지에쯔
백금	白金	바이찐

단어만 말해도 뜻은 통한다!

백주	白酒	바이지우
백화점	百货商店/百货大楼	바이후오샹띠엔 / 바이후오따로우
베르무트	味美思	웨이메이쓰
벼루	砚台	옌타이
보내다	送	쏭
보석	宝石	바오스
보이차	普洱茶	푸얼츠아
볼펜	圆珠笔	위엔쭈비
분주	汾酒	펀지우
분홍색	粉红色	펀홍써
불상	佛像	포시앙
붉은색	红色	홍써
붓	毛笔	마오비
붓걸이	笔架	비지아
붓 세트	成套毛笔	청타오마오비
브랜디	白兰地	바이란띠
브로치	胸针	시옹쩐
비누	肥皂	페이자오

모르는 말 찾기 (비문~소홍주)

비문	碑文	뻬이원
비취	翡翠	페이추이
비파	琵琶	피파
빗	梳子	수즈
사다	买	마이
사슴가죽	鹿皮	루피
사이다	汽水	치수이
사전	辞典	츠디엔
사진관	照像馆	짜오시앙구안
사탕	糖块	탕콰이
사파이어	蓝宝石	란바오스
사향	麝香	셔샹
산수화	山水画	샨수이후아
산호	珊瑚	샨후
삼칠초	田七	티엔치
상감하다	镶嵌	샹쳐엔
상의	上衣	샹이
새틴	缎子	뚜안즈

단어만 말해도 뜻은 통한다!

색	颜色	옌써
샘플	样品	양핀
생사	真丝	쩐쓰
생약	生药	성야오
서양상품	洋货	양후오
서예	书法	슈파
서점	书店	슈디엔
선물	礼品/礼物	리핀 / 리우
선향	线香	시엔샹
설명서	说明书	슈어밍수
설탕	糖	탕
성냥	洋火	양후오
세로줄	纵线	쫑시엔
세화	年画	니엔후아
셔츠	衬衣	천이
소가죽	牛皮	니우피
소매가격	零售价	링쇼우지아
소흥주	绍兴酒	샤오싱지우

모르는 말 찾기 (손목시계~염가판매)

한국어	중국어	발음
손목시계	手表	쇼우비아오
손수건	手帕	쇼우파
수공예품	(手)工艺品	(쇼우)꽁이핀
수묵화	水墨画	수이모후아
수수하다	(朴)素	푸쑤
슈퍼마켓	超级市场	차오지스창
스웨이드	绒面皮革	롱미엔피거
시가	市价	스지아
시계	钟表	쫑비아오
시계수리점	钟表修理店	쫑비아오시우리띠엔
식료품점	副食品商店	푸스핀상띠엔
식탁보	台布	타이뿌
신문	报纸	빠오즈
신발 모자점	鞋帽店	시에마오띠엔
신용카드	信用卡	씬용카
실크	丝绸	스초우
실키크림	丝素膏	쓰수까오
10%할인	(打)九折	(다)지우저

단어만 말해도 뜻은 통한다!

싸구려 제품	便宜货	피엔이후오
싸다	包	빠오
씨(먹는 것)	瓜子儿	꾸아절
악기점	乐器商店	러치상띠엔
안경	眼镜	옌징
알약	药片	야오피엔
야채	菜	차이
약 달이기	煎药	지엔야오
약방	药房	야오팡
약주	药酒	야오지우
얇다	薄	바오
양가죽	羊皮	양피
양말	袜子	와즈
양모	羊毛	양마오
양품점	服装商店	푸쭈앙샹띠엔
여행자수표	旅行支票	뤼싱쯔피아오
연	风筝	펑쩡
염가판매	廉价出售	리엔지아추쇼우

모르는 말 찾기 (영수증~전각)

영수증	收据/发票	쇼우쥐 / 파피아오
옅은 먹물	淡墨	단모
예물	礼物	리우
예서	隶书	이슈
옛날 벼루	古砚	구앤
오소리 털	獾毫	후안하오
옥기	玉器	위치
옷	衣服	이푸
완구	玩具	완쥐
완구점	玩具店	완쥐띠엔
외래품	洋货	양후오
우롱차	乌龙茶	우롱츠아
우의상점	友谊商店	여우이샹띠엔
운동구점	体育用品商店	티위용핀샹띠엔
웅담	熊胆	시옹단
위스키	威士忌酒	웨이스지우
위장약	胃脏药	웨이짱야오
은	银	인

단어만 말해도 뜻은 통한다!

인감	印鉴	인지엔
인삼정	人参精	런선징
인주	印泥	인니
인주함	印泥盒	인니허
일력	日历	르리
일본먹	日本墨	르번모
자기	瓷器	츠치
자색	紫色	즈써
자수	刺绣	츠시우
자양술	补酒	부지우
자유시장	自由市场	쯔여우스창
작다	小	시아오
작은 붓	小毛笔	시아오마오비
잡지	杂志	자쯔
잡화	杂货	자후오
재떨이	烟灰碟	옌후이디에
재스민차	茉莉花茶	모리후아츠아
전각	篆刻	쭈안커

모르는 말 찾기 (점원~카펫)

점원	售货员	쇼우후오위엔
정가	定价	띵지아
족자	挂画	꾸아후아
족제비 털로 만든 붓	狼毫	랑하오
좁다	窄	자이
종이공예	剪纸	지엔쯔
주스	果汁	꾸오쯔
중국그림	中国画	쭝구어후아
중국 먹	中国墨	쭝구어모
중국 장기	象棋	시앙치
지갑	钱包	치엔빠오
지방 명주	地方名酒	띠팡밍지우
지도	地图	띠투
지폐	纸币	쯔삐
진주	珍珠	쩐주
진주크림	珍珠膏	쩐주까오
진한 먹물	浓墨	농모
짧다	短	두안

단어만 말해도 뜻은 통한다!

찻잔	茶杯	차뻬이
책	书	수
천(옷감)	布料	뿌리아오
철관음	铁观音	티에꾸안인
철물점	五金商店	우진상띠엔
청량제	清凉剂	칭리앙지
청자	青瓷	칭츠
청화백자	青花	칭후아
초서	草书	차오슈
초콜릿	巧克力	치아오커리
취미(애호하다)	爱好	아이하오
치수	尺寸	츠춘
치약	牙膏	야까오
칠기	漆器	치치
경태람(공예품)	景泰蓝	징타이란
칫솔	牙刷子	야수아즈
카메라	照相机	짜오시앙지
카펫	地毯	띠탄

모르는 말 찾기 (칵테일~한 다스)

칵테일	鸡尾酒	지웨이지우
칼 가위점	刀剪商店	따오지엔샹띠엔
칼라먹	彩墨	차이모
캐시미어	开士米	카이스미
캡슐	胶囊	지아오낭
커피	咖啡	카페이
컴퓨터	电脑	띠엔나오
코카콜라	可口可乐	커코우커러
코코아	可可	커커
쿠션	靠垫	카오디엔
크기	大小	따시아오
크다	大	따
큰 붓	大毛笔	따마오비
타월	毛巾	마오진
탁본	拓本	타번
터키석	土耳其石	투얼치스
테릴렌	涤纶	디룬
텔레비전	电视机	띠엔스지

단어만 말해도 뜻은 통한다!

토끼털	兔毫	투하오
토산품점	土特产商店	투터찬샹띠엔
토용	陶俑	타오용
특가품	廉价品	리엔지아핀
특산품	土产	투찬
팔다	卖	마이
팔선환	八仙丸	빠시엔완
팔찌	手镯	쇼우쭈오
펜던트	垂饰	추이스
편지봉투	信封	씬펑
편지지	信纸	씬즈
포도주	葡萄酒	푸타오지우
포커	扑克牌	푸커파이
폴리에스테르	聚酯	쥐쯔
품질	质量	쯔리앙
피리	笛子	디즈
필터담배	过滤嘴香烟	꾸오뤼주이샹앤
한 다스	一打	이다

모르는 말 찾기 (한방약~흰색)

한국어	中文	발음
한방약	中药	쭝야오
한방제제	中成药	쭝청야오
한약방	中药店	쭝야오띠엔
할인	折扣/减价	저커우 / 지엔지아
해마보신환	海马补肾丸	하이마부션완
해서	楷书	카이슈
핸드백	手提包	쇼우티빠오
핸드폰	手机	쇼우지
행서	行书	싱슈
헐렁하다	肥阔	페이쿠오
헝겊인형	布娃娃	뿌와와
현금	现款	시엔쿠안
호금	二胡/胡琴	얼후 / 후친
호박	琥珀	후포
홍차	红茶	홍츠아
화병	花瓶	후아핑
화선지	宣纸	쉬엔쯔
화학섬유	化学纤维	화쉬에시엔웨이

단어만 말해도 뜻은 통한다!

환약	丸药	완야오
환율	汇率	후이뤼
황색	黄色	후앙써
황주	黄酒	후앙지우
회화	绘画	후이후아
흰색	白色	바이써

모르는 말 찾기

Wordbook 8
문제해결

간단한 한마디

~을 주세요.

请给我
칭 게이 워

진단서	诊断书	찐두안수
감기약	感冒药	간마오야오
위장약	肠胃药	창웨이야오

。

하루 ~번 드세요.

一天吃 ⬜ 次。
이 티엔 츠　　　　　츠

모르는 말 찾기 (가려움증~땀을 흘리다)

가려움증	发痒症	파양쩡
가려움증 해소약	止痒剂	쯔양지
가슴	胸	시옹
가운데 손가락	中拇指	쭝무쯔
간호사	护士	후스
감기	感冒	간마오
감기약	感冒药	간마오야오
검사	检查	지엔차
검은 반점	黑斑	헤이빤
겨드랑이	腋窝	예워
경찰	警察	징차
경찰서	公安局/派出所	꽁안쥐 / 파이추수오
골절	骨折	구저
교통사고	交通事故	지아오통쓰꾸
귀	耳朵	얼두어
귀중품	贵重物品	꾸이쫑우핀
금발	金发	진파
기침	咳嗽	커쏘우

332

단어만 말해도 뜻은 통한다!

긴급 신고전화	报警台	빠오징타이
날짜	日期	르치
내과의사	内科医生	네이커이성
넓적다리	大腿	따투이
뇌	脑子	나오즈
눈	眼睛	옌징
눈곱	眼眵	옌츠
눈꺼풀	眼皮	옌피
눈동자	眸子	모우즈
눈썹	眼眉/眉毛	옌메이 / 메이마오
다리	腿	투이
도난	被盗	뻬이따오
도난품	失赃	스짱
돈	钱	치엔
두드러기	荨麻疹	쉰마쩐
두통	头疼	터우텅
등	后背	호우뻬이
땀을 흘리다	流汗	리우한

모르는 말 찾기 (땀이 나다~삐다)

땀이 나다	出汗	추한
매 ~시간마다	每~个小时	메이 ~거 시아스
맥박	脉搏	마이보
맹장염	阑尾炎/盲肠炎	란웨이얜 / 망창얜
머리	头	터우
머리카락	头发	터우파
목구멍	嗓子	쌍즈
목이 아프다	嗓子疼	쌍즈텅
몸	身体	션티
몸이 안 좋다	不舒服	뿌슈푸
무릎	膝盖	씨까이
무좀	脚气	지아오치
물집	水疱	수이파오
반창고	橡皮膏	시앙피까오
발	脚	지아오
발꿈치	脚跟	지아오껀
발목	脚腕子	지아오완즈
발바닥	脚掌	지아오짱

단어만 말해도 뜻은 통한다!

발열	发烧	파샤오
발톱	脚指甲	지아오쯔지아
배	肚子	뚜즈
백발	白发	바이파
버스에서	在公共汽车里	짜이 꽁꽁치처리
변비	便秘	삐엔미
변비약	通便剂	통비엔지
병	病	삥
병력	病历	삥리
병원	医院	이위엔
병이 났습니다!	我病了!	워 삥 러
복부팽만	发胀	파짱
복통	肚子痛	뚜즈통
볼	脸颊	리엔지아
부상을 입다	受伤/负伤	쇼우샹 / 푸샹
붕대	绷带	뼁따이
뼈	骨头	구토우
삐다	扭伤	니우샹

335

모르는 말 찾기 (사건을 보고하다~안구)

한국어	중국어	발음
사건을 보고하다	报案	빠오안
사고보고서	事故报告书	쓰꾸빠오까오수
사진기	照相机	짜오시앙지
사포	沙布	샤뿌
새끼손가락	小拇指	샤오무즈
설사	拉肚子	라뚜즈
소독약	消毒药	시아오뚜야오
소매치기	扒手	파쇼우
소변	尿水 / 小便	니아오수이 / 시아오비엔
소유주 이름	物主的姓名	우쭈 더 씽밍
소형금고	保险箱	빠오시엔시앙
속눈썹	眼睫毛	옌지에마오
속쓰림	酸心	수안신
손	手	쇼우
손가락	手指	쇼우쯔
손가락을 찔리다	手指戳伤	쇼우쯔 추오샹
손가방	手提包	셔우티빠오
손목	手腕子	쇼우완즈

단어만 말해도 뜻은 통한다!

손바닥	手心	쇼우신
손톱	手指甲	쇼우쯔지아
수면제	安眠药	안미엔야오
수술	手术/开刀	쇼우슈/카이따오
수염	胡子	후즈
순찰차	巡逻车	쉰루오징처
슈트케이스	手提皮箱	쇼우티피시앙
습진	湿疹	스쩐
식은 땀	盗汗	따오한
식전	饭前	판치엔
식중독	食物中毒	스우쭝두
식후	饭后	판허우
신용카드	信用卡	씬용카
심장	心脏	신짱
심장박동	心跳	신티아오
아스피린	阿斯匹林	아스피린
안과	眼科	얜커
안구	眼球	옌치우

모르는 말 찾기 (안색~이명)

한국어	중국어	발음
안색	脸色	리엔써
안약	眼药	얜야오
약	药	야오
약국	药房	야오팡
약방	药房	야오팡
약솜	药棉	야오미엔
약지	无名指	우밍쯔
어깨	肩	지엔
어깨결림	肩膀酸痛	지엔방쑤안통
어지럽다	头晕	터우윈
얼굴	脸	리엔
엄지	大拇指	따무쯔
엉덩이	屁股	피구
엑스레이 검사	X光检查	엑스꽝지엔차
여권	护照	후짜오
여드름	粉刺	펀츠
여행자수표	旅行支票	뤼싱쯔피아오
역에서	在火车站	짜이후오처짠

단어만 말해도 뜻은 통한다!

연고	软膏/药膏	루안까오 / 야오까오
연락처	联络处	리엔루오추
염증	发炎	파앤
오심	恶心	어씬
오한	发冷	파렁
외과	外科	와이커
외래 진찰부	门诊部	먼쩐뿌
요통	腰痛	야오통
월경	月经/信水	위에징 / 신수이
위	胃	웨이
위장약	胃脏药	웨이짱야오
위통	胃痛	웨이통
응급병원	急救医院	지지우이위엔
응급차	救护车/急救车	지우후처 / 지지우처
의사	医生/大夫	이셩/따이푸
이(치아)	牙齿	야츠
이마	额头	어토우
이명	耳鸣	얼밍

모르는 말 찾기 (일~콧수염)

한국어	중국어	발음
~일	~天	티엔
입	嘴	쭈이
입술	嘴唇	쭈이춘
입원하다	住院	쭈위엔
잇몸	牙床	야추앙
장	肠	창
장소	地点	띠디엔
재채기하다	打喷嚏	다펀티
저리다	麻木	마무
접수처(병원)	挂号处	꾸아하오추
종기	疙瘩	꺼다
주근깨	雀斑	취에빤
주름	皱纹	쪼우원
주사	注射	쭈셔
주소	地址	띠쯔
쥐가 나다	抽筋	초우진
지갑	钱包	치엔빠오
지병	老病儿	라오삐얼

단어만 말해도 뜻은 통한다!

진찰을 받다	问诊	원쩐
진통제	止疼药	쯔텅야오
집게손가락	二拇指	얼무쯔
처방전	药方	야오팡
천식	气喘	치추안
청진기	听诊器	팅쩐지
체온	体温	티원
촉진하다	触诊	추쩐
충치	虫牙	충야
치과의사	牙医	야이
치석	牙垢	야꼬우
치아	牙/牙齿	야츠
치약	牙膏	야까오
침	唾沫	투오모
코	鼻子	비즈
코감기	鼻伤风	비샹펑
코를 골다	打鼾	다한
콧수염	髭须	즈쉬

모르는 말 찾기 (키~화상)

키	个子	꺼즈
타박상	跌打损伤	디에다순상
택시	出租汽车	추주치처
턱	颚	어
팔	胳膊	꺼보
폐	肺	페이
폐렴	肺炎	페이앤
피	血	시에
피부	皮肤	피푸
하루 ~번	一天~次	이티엔 ~츠
하품	哈欠	하치엔
한국영사관	韩国领事馆	한구어 링스구안
한약	中药	쭝야오
한약방	药铺	야오푸
항생제	抗菌剂/抗菌药物	캉쥔지 / 캉쥔야오우
해열제	退烧药	투이샤오야오
핸드백	手提包	셔우티빠오
허리	腰	야오

단어만 말해도 뜻은 통한다!

혈압	血压	쉬에야
혈액형	血型	쉬에싱
화상	火伤/烫伤/烧伤	후오샹 / 탕샹 / 샤오샹

꼭! 필요한 여행 중국어

2015년 6월 15일 1판 2쇄 인쇄
2015년 6월 23일 1판 2쇄 발행

지은이 | 편집부
펴낸이 | 김남일
펴낸곳 | **TOMATO**
등록번호 | 제 6-0622호
주소 | 서울 동대문구 답십리로38길 56 월드시티빌딩 501호
전화 | 0502-600-4925
팩스 | 0502-600-4924

ISBN 978-89-91068-63-6
파본은 교환해 드립니다(정가는 표지에 있습니다).
토마토출판사 홈페이지(www.tomatobooks.co.kr)